世界でただ一つの読書

三宮麻由子

集英社文庫

世界でただ一つの読書　目次

世界でただ一つの読書

「坊っちゃん」に広がる漱石先生の音世界

ぶうといって汽船がとまると、艀《はしけ》が岸を離れて、漕《こ》ぎ寄せて来た。船頭は真っ裸に赤ふんどしをしめている。野蛮な所だ。尤《もっと》もこの熱さでは着物はきられまい。（中略）威勢よく一番に飛び込んだ。（中略）陸《おか》へ着いた時も、いの一番に飛び上がって、いきなり、磯《いそ》に立っていた鼻たれ小僧をつらまえて中学校はどこだと聞いた。小僧は茫《ぼん》やりして、知らんがの、といった。

（「坊っちゃん」）

この場面は、「坊っちゃん」が松山にたどり着いたときの衝撃と失望感を表現する例としてよく取り上げられる。しかし私にはそれよりも、「坊っちゃん」のなかで初めて音らしい音が聞こえてくる箇所という印象が強い。そして、このタイミングで初めて音が出てくることこそが、「坊っちゃん」のなかで作者夏目漱石がもっていた音感覚を象徴しているように思える。

南国のキラキラした日差しのなかで、穏やかな波が船べりや桟橋に当たる音がそちこちから聞こえ、空中には、蒼天《そうてん》で輪を描く鳶《とび》の笛や、港に荷揚げされる魚を求めて集まってくる鷗《かもめ》たちの叫びが響いている。遠くでは、磯にいる子供たちの声もしている。漁に出ていた夫を出迎えて作業を引き継ぐ女性たちも言葉を交わしていそうである。松山は市内しか訪れていないが、私にはこの件《くだり》からそんな風景が思い浮かぶのである。

行間の音を聞きながら「坊っちゃん」を読んでいくと、歯切れよく区切られた漱石の時間イメージと、音への鋭敏さが、きわめてリアルに伝わってくる。その音は、松山の長閑《のどか》な風景や地方の学校ののんびりした雰囲気とは裏腹に、なかなか騒々しい。従ってこの作品も、意外に騒々しい。それはとりもなおさず、漱石自身の音の聞き方でもあると思う。そこで、坊っちゃんの耳を通して漱石が表現した音世界と、それが表す時間の感覚を味わう「坊っちゃん」通読法を取り上げてみよう。

まず、「坊っちゃん」全体に流れる音の騒々しさの源を探ってみる。

松山到着の場面では、こんなふうに音が聞こえている。汽船がぶうといって止まる。船べりを打つ波がタポン、タポンと憎らしいほど暢気《のんき》に寄せては返す。そこへ艀がこれまたチャポン、チャポンと櫂《かい》をならしてやってくる。赤褌《あかふんどし》の船頭は、少し粗野な言葉で土地の知り合いと会話していたかもしれない。船から艀へさまざまな足音や荷物を運ぶ音が行き来する。「見詰めていても眼がくらむ」ような水面を跨《また》いで艀に飛び込んだ坊っちゃんの足下では、靴が舟底に当たる音がトンと響いたことだろう。陸に飛び上がるときにも、坊っちゃんの足下はトンと鳴っただろう。作者漱石がここでどの程度音を意識して描写したかは分からないが、素朴に耳を澄ませてこの場面を読むだけでも、持続音、瞬間音合わせてこんなにたくさんの音や声が聞こえてくるのである。

漱石の描写が見事なのは、この一連の音が「ぶうといって汽船がとまる」という、たった一言からすべて連鎖的に聞こえてくることだ。坊っちゃんには、その音全部が騒々しい。坊っちゃんは数学教師だそうだが、感性は鋭いながら無鉄砲な江戸っ子で、どちらかというと数学より英語の先生に多いタイプに思える。これだけの音が聞こえる描写ができるのは、この鋭い感性の故ではあるまいか。もちろんそれは、坊っちゃんにそのような描写をさせた漱石先生自身が天才的な語学の才能をもち、音に敏感だったからにほかなるまい。

さて、やるせない旅の末に、坊っちゃんは宿へ到着する。ここでも明るい音が恨めしげに描写され、坊っちゃんにとって大変に騒々しく響く。

膳を下げた下女が台所へ行った時分、大きな笑い声が聞えた。（中略）熱いばかりではない。騒々しい。下宿の五倍位八釜《やかま》しい。

人の笑い声というのは、こちらの気分次第で好ましく思えたり苛立《いらだ》たしく思えたりするものである。現実には、長閑な松山よりも生き馬の目を抜く東京のほうがよほど騒々しかったとも想像されるが、坊っちゃんには首都の喧噪《けんそう》より田舎の人たちの高笑いのほうがやかましく聞こえ、癇《かん》に障りもしたのだろう。東京なら、往来には始終人力車や人々の忙《せわ》しない足音が行き交い、金魚売りから焼《や》き藷《いも》屋までさまざまな売り声が近付いては遠ざかり、自動車の音も派手派手しく轟《とどろ》いていただろう。そんななか、誰かが高笑いしたところで大して気にはなるまい。一方、東京に比べて人口が少なく、街の騒音も少ない松山の宿で、女たちが弾《はじ》けるように立てる笑い声は、東京の何倍もの音量で坊っちゃんを苛立たせたのではなかろうか。漱石を通した坊っちゃんの耳は大変鋭い。そんな鋭敏な耳の持ち主にとって、静かな街の静かな宿に響く女性たちの高笑いは、さぞかし悩ましかったことだろう。

私は、幼稚園入園直前に光とさよならして"sceneless"(〃シーンレス〃私の造語で全盲者の意味)となり、周囲の様子を主に音から捉えることになった。他の〃シーンレス〃については分からないが、おそらくあらゆる音に耳を澄ますようになったため、私には騒音の中で自分に必要な音にフォーカスして聞き取る「カクテルパーティー効果」

が機能しない。ゆえに、距離などによる音の違いを除けばすべての音が同じボリュームで聞こえてしまう。私が音に敏感だからというよりは、そのように聞かなければ危険かどうかの判断ができないからだろう。幼児期から音楽教育を受けたことも影響しているだろう。とにかく私は、視覚中心の人より音が大量に聞こえているらしいのである。

たとえばこんなことがあった。春の野原を句会の仲間と吟行していたとき、みんなは花の美しさや行き交う子供たちの様子など、そのときに見えたことを中心に作句した。私は「春の野やどこかで雨戸開く音」と詠んだら思いのほか好評で、主宰からもお褒めをいただいた。そのとき「私たちもみんな麻由子さんと一緒にいたのに、誰一人雨戸の音は聞いていなかった。麻由子さんは広く音を聞いているんだね」と言われた。思うに見えている方は、自分と音源の距離と、聴き取る情報である音の量が比例していて、遠くに行くほどそこから聞こえる音への感度は弱まるのではないか。だが私は、音から得る情報を距離感に応じて選別しない。目の前の音も一〇〇メートル先の音も、聞こえさえすれば同じ情報量をもつのである。

そんなわけで、おそらく同じ音量に曝《さら》されていても、視覚を中心に情報を得ている人の、少なくとも数倍の音量を聞いていることになるだろう。そのため「坊っちゃん」も、直接・間接に描写される音によって状況を味わう読み方となり、ものすごく騒々しい本に思えたわけである。

もしかすると漱石は、目は見えても私に近い音の聞き方をしていたのかもしれない。言語の天才だった漱石は、常に音の細部に耳を澄ませ、発音や発声に注意しながら暮らしていた。ロンドンに行き、音へのアンテナはさらに高感度になったことだろう。無神経に出される音に神経をやられてしまったことにも納得がいく。私も人が気にしない音に悩まされて「過敏だ」としばしば誤解されるので、これだけの音を聞いていた漱石がいかに騒々しさに悩んだかと思うと、痛いほど気の毒になってしまう。

今度は、行間に時間が隠された音を追ってみよう。手始めに、漱石が文字の上の時間と読者の時間を同時に引っ張る音を聞いてみたい。

宿でのいろいろがあった後、坊っちゃんはいよいよ人力車で学校に行くわけだが、実はここまでに移動の音が三つある。一つ目は、冒頭の汽船の音、二つ目は「マッチ箱のような汽車」で「ごろごろと五分ばかり動いたと思ったら、もう降りなければならない」という中学校への行程。そして三つ目が、そこから宿へ向かう車の音だ。この音は、後日、本格的に「出勤」しはじめたとき、「きのうこの敷石の上を車でがらがらと通った時は、むやみに仰山な音がするので少し弱った」と、初日に校内を歩きながらの回想で描写される。

これは、時間の経過である。漱石は、船や汽車によって空間を移動するのと同時に、文字の上では止まりがちな時間をごろごろ、がらがらという音に乗せて現実と合わせていく。この音によって、私たちは坊っちゃんと同じ時間の経過を経験できるのである。

漱石は、大きな展開の直前の「瞬間」を表すのにも、音を思い浮かべさせる手法を使っている。それは、何かの事件の前に必ず合図のように響く「トン」という音である。この「トン」は、さながら歌舞伎できっかけとして打たれる拍子木や、講談師が要所にパンッと扇で見台を打つ音のような間合いで響く。

「チョーン。トザイ・東西‼　今後とも末永くお引き立てを賜りますよう、隅から隅まですずずいーっと、チョーン、御願いたーてまつりまあす」といった音の使い方である。「坊っちゃん」では冒頭の件で少し触れたように、最初に艀に飛び込むときに聞こえているはずのトンという音がある。次に陸に飛び上がったときにも聞こえていたであろうトン、そして「バッタ事件」の直前に、坊っちゃんが寝床に入るときの癖で尻餅をつくときに「頓《とん》」の音がする。ついでだが「この宿直部屋は二階じゃないから、いくら、どしんと倒れても構わない」との一節もある。これらの「トン」の後には、松山上陸やバッタ事件など、坊っちゃんを揺さぶる重要な出来事が起こる。

「トン」ではないが、やはり歌舞伎のきっかけ的に生徒との対決を暗示する音もある。

生徒は八釜しい。時々図抜けた大きな声で先生という。（中略）先生と大きな声をされると、腹の減った時に丸の内で午砲《どん》を聞いたような気がする。

ここから、田舎中学の生徒対江戸っ子先生のバトルが始まる。生徒たちの「先生」もまた、坊っちゃんにとっては数々の試練への序曲なのである。

さらにきっかけとして使われている音の極めつけとして、うらなり君の送別会の開始の音がある。

挨拶が済んだら、あちらでもチュー、こちらでもチュー、という音がする。おれも真似《まね》をして汁を飲んで見たがまずいもんだ。

この「チュー」も、その後の芸者騒ぎや「日清談判」の乱闘に向かうシグナルとして、読者の耳に残ってくる。漱石は、そうした音に対して大きいとかはしたないといった評価を下すことはしない。が、その無造作な表現によって、かえってこれらの音のシグナル性が際立っているように思えるのである。

では、持続音を表す時間のほうはどうだろうか。

こちらは、坊っちゃんにとってどうにも気に入らない時間の経過を暗示するかのように使われている。その最たる場面は何といっても「バッタ事件」のときの音だろう。頓と尻餅をついて足を延ばしたら、何かがまとわりついてきた。それからバッタをお尻のしたでグチャリと踏みつぶす。続いてハタハタと蚊帳の中を飛び回るバッタをホプ、ホプと枕で叩《たた》きつぶしていく。これは厳密には持続音とは言えないが、一定の時間を埋める音という意味で「トン」や「チュー」とは違った使われ方をしている。

夢中でバッタどもをやっつけた坊っちゃんが生徒を叱りつけて蚊帳に戻ってみると、「さっきの騒動で蚊帳の中はぶんぶん唸《うな》っている」。大量の蚊の襲来の恐ろしさは、経験した人でないと分からないものだろう。シベリアのどこかでは、夏に人が屋外に出ようものなら、全身を蚊の大群が包み、そこからエイッ！　と走り出ると人型の蚊柱ができると聞いたことがある。それほどではないが、日本でも蚊の襲来を経験する機会はある。

宮崎と鹿児島の県境にある霧島の森で、私はそれを経験した。アスファルトの傾斜を少し下って森の入り口に近付いたとき、下の方から夥《おびただ》しい蚊の羽音が大いなる不協和音を発しながら押し寄せてきた。専門的なことは分からないが、蚊の羽音はピアノでいうと中音域のミのフラットやファのシャープ辺りの音階が多い。だが霧島の蚊たちは、実にたくさんの羽音を立ててやってきた。あまりの恐怖に何の和音かを聞き分ける余裕はなかったが、少なくとも五つか六つの音階はあったと思う。時折、春先に山に入ると山の虫たちが静かな唸りの和音を立て、沈黙の中に独特のうねりが生まれていることがある。これもあまり気持ちのよいものではないが、こちらへ向かってくる音でないかぎりは平常心を保つことはできる。ある虫がファウーンとF1レースの車がドップラー効果で過ぎていくような音を立てて耳もとをかすめることもあるが、それも一瞬の驚きであって恐怖とはならない。

しかし、蚊は違う。あの不協和音が密室ともいえる蚊帳のなかで自分を取り巻いている光景を想像してみてほしい。バッタでさんざんな思いをしたうえに、生徒にも小ばかにされ、暗澹《あんたん》たる気持ちで床に戻ったら、うっとうしい蚊の群れが嫌らしくまとわりついてきた。その光景は、「真《ま》っ直《すぐ》でよい御気性」の坊っちゃんを「田舎人」たちの嫌らしい心がネットリと取り囲んでいく様子も象徴していたとも考えられよう。

ここまでは、漱石が音主体ではなく場面主体の描写の行間から読者に聞かせている音、いわば間接的に描写した音を中心に、その音を通して坊っちゃんが体験した時間の色や、漱石の時間表現を見てきた。尚味わいを深めるため、漱石が意識的に表現し、直接描写している音の豊かさを味わってみよう。

三十人の足の運びも、手の働きも、腰の曲げ方も、悉《ことごと》くこのぼこぼん君の拍子一つで極まるのだそうだ。傍《はた》で見ていると、この大将が一番呑気《のんき》そうに、いやあ、はああと気楽にうたってるが、その実は甚だ責任が重くって非常に骨が折れるとは不思議なものだ。

世間は大分静かになった。遊郭で鳴らす太鼓が手に取るように聞える。（中略）すると、下《しも》の方から人声が聞えだした。（中略）段々近付いて来る模様だ。からんからんと駒下駄《こまげた》を引き擦る音がする。

松山嫌いの坊っちゃんは、絶えず東京のことを思い出しながら暮らしている。東京なら蕎麦《そば》はこうだ、刺身はこうだなどといつも思っている。松山の道路を走るものも、人の声も街の音もみんな東京とは違っていたことだろう。

そんななかでも、ふと東京と同じ音が聞こえる。その一つが、歓楽街と祭の音ではなかったろうか。三味線・太鼓に芸者の踊り、踊りは不思議でありながらも、太鼓の響きは全国共通だ。そうなると坊っちゃんの里心を帰郷という行動に変えたのは、うらなり君事件だけではなかった可能性もあろう。この祭の太鼓が、坊っちゃんに帰郷の一歩を踏み出させる「きっかけの瞬間音」だったとも解釈できないだろうか。

それにしても、なんと鮮やかで小気味のよい描写だろう。まるで講談を聞いているようだ。こういう描写は、克明な説明と豊かな表現によって読者の脳裏に明確な映像と音を再現させる手法で、極めて西洋的といえよう。漱石は、それまで模索されてきた近代文学の世界で初めて、西洋的描写を日本語で見事に実現し、日本人にも自然に読ませる手法に成功した作家のように、私には思えるのである。折しも、盟友正岡子規は写生の手法を俳句の中で確立した。二人の功績は、時代的にも発想的にもつながっているように感じられる。

面白いことに、大人になって何度か読み返してみても、小学六年生での初「坊っちゃん」体験で行間から聞こえてきた音の数や質はほとんど変わらなかった。実際に松山を訪れたり、バッタを手に取ったり、人力車に乗ったりと初「坊っちゃん」時代にはもたなかった経験を重ね、再び音と時間の感覚を駆使して読んでみても、「坊っちゃん」はやっぱり騒々しい話だった。どのページを開いても、直接・間接に音が聞こえない箇所は皆無であった。

ただ大人になって、それらの音を表す漱石の文体の音楽性を発見した。講談を聞くようだと書いたように、言葉のリズムによって日本語の調子のよさが存分に発揮されていて、自然に体が動き出す躍動感を感じさせる。

送別会での悪態はそのリズムの代表だろう。坊っちゃんは非情な輩《やから》への悪態として「ハイカラ野郎の、ペテン師の、イカサマ師の、猫被りの、香具師《やし》の、モモンガーの、岡っ引きの、わんわん鳴けば犬も同然な奴《やつ》」と言っている。ここを読むと「なにをぬかしやがるんでえ、べら棒めっ。……呆助《ほうすけ》、藤十郎、チンケイトウ、芋っ掘り、蕪っかじりめ」という、落語「大工調べ」の棟梁《とうりよう》の啖呵《たんか》を思い出す。

漱石は落語も好きだったので、漱石と落語を結びつけた分析も多くみられる。その見方には無論同感だが、漱石には落語的エスプリだけでなく、英詩や漢詩、俳句など、韻文特有のリズムを聞き取る感覚があったのではないか。これを私は「言語的絶対音感」と呼びたい。その音感で表現されるから、漱石の音世界はどこまでも豊かで生き生きしていて、何度読んでも小気味よさが褪《あ》せないのではないだろうか。これが「音読書」の醍醐味《だいごみ》なのである。


多くの評論は、坊っちゃんと山嵐の友情に注目して「敵もいるけど味方もいる、世の中捨てたもんじゃない」といったトーンで坊っちゃんの中の希望を取り上げている。

それには賛成だ。ただ、坊っちゃんが本当に心を砕き、強い思いを寄せていたのは山嵐ではなく、うらなり君だったように思えてならない。うらなり君は優しくて損ばかりしている「いい人」だ。「真っ直でよい御気性」の坊っちゃんとしては、そういう弱き善人のことは全力で守ってあげたい。うらなり君が事実上の解雇通知を受けたときも、「おれに言ってくれたら談判の一つもしてやったものを」と本人以上に悔やんだのではあるまいか。坊っちゃんにとって、戦友の山嵐との友情が現実のよりどころだとすれば、あまりに善良なうらなり君はある意味で心のオアシス的存在であったのかもしれない。

うらなり君を思い、ときどき言葉をかけてあげたりすることは、坊っちゃんにとっては貴重なゆとりの瞬間だったのではなかろうか。

この坊っちゃんの思いは、ほかならぬ漱石自身のジェントルマン趣味だったようにも思える。

イギリスに派遣され、失意のうちに帰国した漱石は、近代そのものや西洋が抱える問題をまざまざと見せつけられたことだろう。場面によっては人種的な差別も受けたこともあり得る。

けれども、大英帝国の高い教育水準や、騎士時代以来培われている博愛的な紳士の真髄にも触れたと思う。「文明国家」の西洋人も人間だから、それぞれに業を抱えてはいる。しかし彼らは、弱者に一方的な慈悲をかけるだけの思いやりとは違う、労《いたわ》りながらも相手の人格をしっかり尊重する「愛」を理想としている。実践はできなくても、理想があるかないかでは大きな差が生まれるわけで、漱石は、この理想をもつ人々の良い面も、見落とすことなく学んできたと私には思える。だからこそ、坊っちゃんは江戸っ子ジェントルマンとして、うらなり君のことが放っておけなかったのではあるまいか。漱石は、けっしてイギリスのすべてが嫌いになって帰国したわけではなかったのではないか。もっといえば、「坊っちゃん」を通じて西洋の良い面を、日本の庶民にも伝えたかったのではなかったか。

そんな思いも含めて「坊っちゃん」の行間にあらためて耳を澄まし、自分自身の深層に流れる本当の声を聴き取っていけたらいいと思う。

「TUGUMI」吉本ばななからのスターティング・メッセージ

つぐみは生まれた時から体がむちゃくちゃ弱くて、あちこちの機能がこわれていた。医者は短命宣言をしたし、家族も覚悟した。（中略）そうしてそろそろ歩くように成長した結果、彼女は思い切り開き直った性格になってしまった。　（「TUGUMI」）

第二回山本周五郎賞を受賞したこの作品には、思いのほかさまざまな評価があるようだ。大まかにいうと、才能が輝いているとする論評と、少女漫画のようで甘いとする評価のほぼ二種類に分かれている。おそらくそれは、この作品にすでにばななな文学に流れるある種の静けさと、純粋な魂への憧れが余すところなく表現されていながらも、当時の作者自身の若さからくる初々しさが垣間見られるせいだろう。

それはそれとして、私は大学生のときにこの作品を初めて読んでから現在に至るまで、同じ強さでこの作品の世界に引き込まれ続けている。当時はなぜだか分からず、漠然とこの作品の雰囲気を楽しんでいるだけのように思っていた。けれども何度か読むうちに、それは単に懐かしい夏とか、物語を語るまりあと私が同じ大学生だったからという共感とかに留《とど》まらない深いもの、私のみならず多くの読者を惹《ひ》き付けているばななワールドの真髄に惹かれているのではないかと思い当たったのである。

この作品を朗読してくれたのは、大学の友達だった。折しもこの作品が山本周五郎賞を受賞した直後だったと思う。「麻由にも一緒に読んでほしい本があるんだ」と言って、彼女が、受賞日記とともに五時間近くかけて、カセットテープに吹き込んでくれた。大学生が読む大学生の文学だから、実にリアルで、会話も自然に読まれていた。後年、点字図書館で年輩のベテラン朗読者が読んだものを聞いたが、会話の語尾のアクセントや口語調の本文の読み方がどうにも教育的で、これじゃあ「ＴＵＧＵＭＩ」じゃないなあと思ったものである。そんな思い出もあって、再読をする余裕のあまりない私が、この友達の朗読テープだけは、十回以上聞いた。いまも宝物として仕舞ってある。

語り手白河まりあを通して物語られるのは、それぞれ特殊な環境におかれた二つの家族の間で彼女が経験する一夏の思い出である。まりあは東京に住む父の愛人の子として、母の妹夫妻が経営する山本屋旅館の離れで育つ。山本家には、まりあより一つ年上の長女陽子ちゃんと、一つ年下の次女つぐみがいる。海辺の小さな町で、まりあとこの二人の姉妹は、従姉妹《いとこ》同士としてより、ある意味で三人姉妹のように暮らし、成長する。物語は、その成長の最終場面ともいえる夏、山本屋旅館が畳まれることになったというので、大学最初の夏休みを過ごすために招かれたまりあと山本家の姉妹、そしてつぐみと小さな恋物語を演じる大学生、武内恭一の慎《つつ》ましい日々を綴《つづ》っている。

つぐみは、病弱だがその何倍も強い「激情」をもった怜悧《れいり》な子で、家族を翻弄しながら育っていく。「眠れる森の美女」のように美しいつぐみの性格は「意地悪で粗野で口が悪く、わがままで甘ったれでずる賢い」。だがその毒舌の背後に、誰もが憧れながらも手にできないような純粋な輝きが覗《のぞ》く。

周りにずいぶん迷惑をかけながらも、つぐみはその魅力ゆえに愛され、つぐみ自身もその愛に全幅の信頼をおいている。だからこそできる意地悪。でもある一線は守られている。彼女を囲む人々もそのことを心得ている。その辺りの絶妙な駆け引きが、つぐみの脆《もろ》い生命と相俟《あいま》って清冽《せいれつ》な世界を醸し出している。

この作品のなかで私が惹き付けられるのは、そうした物語的な特殊事情やつぐみの輝きよりも、ばなな氏が表現する死と再生を支える「別天地的郷愁」と、そこに流れるいくつかの普遍的なキーワードである。

まず、「別天地的郷愁」を探ってみよう。

船が港に近づいてゆく時、昔からいつでもほんの少しよそ者の気分になった。（中略）なぜか自分はよそからやって来て、またいつかこの港から去るにちがいないという予感がする。

きっと、どうせ人はいつどこにいても、いくらかはたったひとりのよそ者だということが、海から遠くかすむ港を見るときにはっきりとわかるからなのだろう。

これは驚きの一節だった。私も、小さいころは毎年のように、千葉の小湊《こみなと》のホテルで両親と夏を過ごしていた。車から降りてホテルの人たちが「今年もようこそ」と迎えてくれるとき、人見知りな私はあまり気の利いた返事もできなかったけれど、訪ねていけばいつかは誰かが受け入れてくれるという、一種の信頼感をもっていた。それはいまも変わらない気がする。大学院を終えて就職活動をしたとき、百社近くの会社に面接を申し込んだが、〝シーンレス〟だと告げたとたんに受付の若い女性の独断でいきなり電話を切られる経験を繰り返した。この社会に私が働ける場所などないのではないかと絶望しかけていたが、そんなときでさえ、心の片隅で「私のために開かれる門はどこかに必ずある」と確信しているところがあった。だからいまも、船で港に入るとき、私は余所者感より、その地に迎え入れられる温かさと、そこの人々に会える楽しみでワクワクするのだ。

ところがまりあは、自分を育み、幸せな子供時代を過ごした故郷の町に帰るときでさえ、どことなく迎え入れられないよそよそしさを感じている。まりあには、ここが故郷というより、ばなな氏の言葉を借りれば「生に向き合う」までのモラトリアムの地、「別天地」だからではないだろうか。

物語の舞台は西伊豆と考えられるが、読者にとって地名は問題でない。注目すべきは、ここに来るまでの交通手段である。東京で新幹線に乗り、まず首都を離れる。続いて船に乗って心理的に現実からも離れる。別天地の港に到着してから、今度はその別天地に深く入り込むために、バスに乗る。そのバスを下りて少し歩いて、ようやく別天地の本丸ともいえる山本屋旅館に到着する。

暑いがどこか清清しい夏の日差しの下では、太平洋の軽やかな水が織り成す波音という現実離れした夢の世界を背景に、バスや学校、旅館といった町の日常が動くざわめきが活気となって響いている。そのなかで、まりあたちは故郷での思い出を重ね、物語に表れる最後の夏にその集大成を作り上げる。

だが、人は故郷にいてさえも、少しだけ余所者になるときがあるだろう。父の愛人である母とともにここで育ったまりあにとって、ここは故郷でもあり、いつかは確実に離れていくはずの、また離れるようになりたい地でもある。彼女は子供ながらに、そこが大人になるまでの別天地であることを悟っていたのだろう。その故郷感は、たとえ大きなホテルが建っても望みさえすればずっと留まることのできる山本屋一家の故郷感とは決定的に違う。この別天地的故郷感こそが、束の間の幸せな時間をこよなく愛し、文章に残しているばなな文学の哲学だと思える。「吉本ばなな的不易流行」とでもいえる、清らかで切ない哲学である。

「つぐみ、私、自分が今さら海のないところで暮らせるなんて信じられない」
（中略）
「ばかめ」つぐみはふいに怒ったように横顔のまま言った。「何かを得る時は、何かを失うように決まってるだろ。おまえはやっと親子3人仲良く暮らせるんじゃないか。（中略）それに比べれば、海ぐらい何だってんだ。子供だなあ、お前も」

別天地には、束の間だが確かな幸せがある。同時に、別天地からはいつか現実の人生に帰らなければならない。その現実への恐れと束の間の幸せへの固執は、ときとして子供の小さな胸をつぶすほどの圧力となる。

小学校四年生くらいのころか、私は両親につれられて静岡の海辺に旅行した。楽しく遊んで床に就いたが、夜中にふと目が覚めて、突然泣き出してしまった。両親の寝息が波のように静かに寄せては返す音のなかで、夕方窓を開けたとき幽《かす》かに聞こえていた穏やかな波音を思い出していたら、大人になるとこの楽しい日々が、永遠に奪われてしまうのではないかと急に不安になってきた。そのうちに、どうしても子供のままでいたいという衝動に駆られて感情が制御できなくなったのである。

泣き声に目覚めた母にどうしたのかと問われたので、素直に思ったままを話した。母親の常といおうか、小さな子供の真剣な悩みは往々にして同じ大きさでは受け取ってもらえないものだが、そのとき母は意外にも、私に近い目線で応えてくれた。

「みんな、そういうときがあるのよ。私もよ」

大人になると、子供のときとは違った楽しみや人生の充実感が味わえる。子供のころには得られないような深い友情や、試練を乗り越える力を養うこともできる。大人には、リスクを背負って事を成し遂げる幸せがあるのだ。その充実感は、親に守られている子供にも、また精神的な自立を果たせていない大人にも味わえない。

とはいえ、いまが一番幸せだと思っている子供にそんな未来の予想は無理である。母の結論を正確におぼえてはいないが、その夜私は、泣いても笑っても人は子供のままではいられないのだと、覚悟した気がする。

まりあは当初、東京で幸せに暮らしながらも、大人になった人間として、それまで自分を包んでくれていた故郷の「守りのベール」を卒業したという実感がなかなか湧かない。そんななかで再び訪れた別天地では、それまで彼女を包んできた「守りのベール」がまるで復習するかのように次々と再現される。町を縁取る海、最後の夜を包む闇、町を沈める雨。まりあもつぐみも、それらを再確認することによって、本当の意味でそのベールから解放され、自分の足で歩く準備を整えるのである。

海辺の町の雨は特別ひっそりと降る気がする。海が音を吸いとってしまうのだろうか。

詩的な気持ちでいられるときはともかく、日常生活では、雨は疎まれることのほうが多い。歩きにくいし、服や靴は汚れるし、人込みでは多くの人がいらだっている。けれど、雨には地上にマイナスイオンをもたらす作用もある。だから、どことなく眠気がさしたり、雨宿りしながら見知らぬ人に思わず本音を話してしまったりするという「天気の悪戯《いたずら》」が起こる。つぐみと恭一も、ひっそりながらしっかり降る雨の粒が大地にピタピタと落ちる音のなかで互いの波長が合う瞬間を経験する。あたかも、雨という世界の水面下で、何かが大きな転換に向かってひそかに準備を進めているかのようである。

いくつもの守りのベールを確認した後、まりあはつぐみからの手紙をきっかけに別天地から旅立った自身の姿を受け入れ、自発的に新しい人生へと踏み出すことを決意する。

前に進むために仕方なく腹を括《くく》る「覚悟」ではなく、前途に明確な希望の光を確信した「ポジティブな決断」である。私は、この静かなポジティブさに心から共感し、大いに励まされるのである。

私は自分の中に静かな決意がやはりわけもなく、はっきりした形もないままに満ちて来るのを感じていた。私はこれからここで、生きてゆく。

電話の向こうに次々と懐かしい人たちが現れる様子を瞼《まぶた》に浮かべながら、まりあの日にはようやく、大都市東京の景色が自分の拠点となる風景として映り始める。そのとき、まるで天啓のように「ここで、生きてゆく」と決心ができる。

ばなな氏の物語には、別天地→旅立ちも、新たな人生に向かう決意という、大きな流れがあるように思う。その過程では、たとえば銀座のど真ん中で潮の香りがするとか、夜の闇や電柱の影が印象に残っているといった、切ない郷愁をそそる描写や、つぐみの笑顔が「まるで山頂の淡雪のように」はかないなど、束の間の幸せへのやるせない固執を描写する文章が延々と続く。言われてみればたしかに、銀座のど真ん中にいるとき、風向きで東京湾特有の濃厚だがいくつかの混じり物を帯びた潮の香りがやってくることがある。そこに気付き、言葉にしたことは、ばなな氏の感性の真骨頂である。ただ、このような描写を読み続けると、井上ひさし氏が「小説の一番むずかしいところを腕力でねじふせている」と表現したように、説明や決め台詞によって読者を説得しようとするような感じがするとも言える。

それでも、すべてを乗り越えて最後の決断に至るとき、私たち読者は突然、新たなスタートを切る勇気を与えられるのだ。まりあの場合、「ここで、生きてゆく」という決意であり、後でも触れるが「アムリタ」の主人公が最後にもらす「それも悪くない」というつぶやきであり、また「イルカ」の最後に書かれる嬰児《えいじ》アカネちゃんの描写なのではあるまいか。私たちは、つぐみの手紙を読んだまりあとともにスタートを切る決意をし、自分から一歩を踏み出す力を奮い立たせることができる。この「スターティング・メッセージ」は、これから何か新たなことにチャレンジしようと思っている時期には特に、絶大な効果を発揮する。この決断の力こそが、ばなな文学の真髄ではないかと思うのだ。

次に、一見少女漫画的と言われるばなな文学を読み解くうえで、私が注目した三つのキーワードを考えてみたい。

一つ目は、海である。

いい時も、悪い時も、暑くて混んでいても、真冬の星空の時も、新年を迎えて神社へ向かう時も、横を見ると海はいつも同じようにそこにあり、私が小さかろうが、大きくなろうが、となりのおばあちゃんが死のうが、医者の家に赤ん坊が生まれようが、初デートだろうが、失恋しようが、とにかくいつもしんと広く町をふちどり、きちんと満ちたり引いたりしていた。

ばななワールドの別天地には、多くの場合海がある。試しに「TUGUMI」から五年を経た時期の作品「アムリタ」と、さらに十二年を隔てた「イルカ」を読んでみると、吉本作品の根底には個々の作品成立時期を超えて「海」が横たわっていることが分かる。無論すべての作品に海が描かれているわけではないが、母親の象徴とも受け取れる海が複数の作品に現れることは、ばなな文学の重要な特色ではないかと思う。「TUGUMI」に描かれる別天地が海辺であることも、これと無縁ではないような気がするのだ。

興味深いのは、ばななワールドの海は太平洋がベースのように思われることだ。私の印象では、海の波音は海域によって微妙に違う。水質が違うせいだろうか。いままで聞いた中では太平洋の潮騒は特に軽やかで、荒波の音でも日本海のような重たさがない気がする。「TUGUMI」の海は西伊豆の太平洋、「アムリタ」の海もサイパンを囲む太平洋だ。ばななワールドの海は、どこか優しく温かく、母なる海として物語の登場人物も読者も、一緒に包んでくれる。私たちは、その波動に心を預けてゆったりと読み進めばよいのである。

二つ目のキーワードは、発熱。「ＴＵＧＵＭＩ」にも他の作品にも発熱の場面が頻出する。受賞日記を読むと、ばなな氏はどこかで熱の実感を大切にしているように思われる。多くの作品中、発熱は、物語の導入部や転換点で、一種の知恵熱として描かれているように読めるのだ。

たしかに、軽い発熱は予想外の悟りをもたらすことがある。私は吟行旅行で三七度ちょっとの熱を出し、翌日から作句の壺を新たに見つけた心境になった経験がある。ばなな氏も、似たような思い出があるのかもしれない。

三つ目、そしておそらくばなな氏にとっても作品にとっても最も重要なキーワード、それは宗教的な世界への思いである。

『マリ・クレール』に掲載された高橋源一郎氏との対談で、自身について「何となく宗教的な人間なんでしょうね」と語っている。「ＴＵＧＵＭＩ」でも聖母に直接言及している。井上ひさし氏がこの作品について「宮沢賢治が持っている時間論がここにもある」と評しているなど、ある種の宗教性がみられる。「アムリタ」にも天からすべてを見通している聖母マリアの比喩が使われる。この表題自体、インド神話に出てくる神秘の飲料のことである。

ばなな氏は特定の宗教を信仰してはいないと語っているが、複数の作品に宗教世界の香りを感じさせる場面が出てくる。聖母だったりエジプトだったり、あるいはお寺だったりさまざまだが、そうした言葉や場面に、宗教への憧憬が確実に現れているといえる。

ただし、私の考えでは、だからといってばなな氏が「宗教的」かというと、必ずしもそうではないように思える。ばなな氏の宗教イメージは精神的に深くはあるが、ハイヤー・パワーとしての神仏の臨在が感じられず、そのため宗教に帰依する心である「信仰」が存在しないからだ。その点で、宗教的というより、哲学的なのである。

混乱を避けるために書き添えておくと、ここでフォーカスしたいのはあくまで神の臨在の有無であって、神の存在の有無ではない。信仰をもつ人にとって、もはや神の存在の有無は疑問ではないからだ。

たとえば、まりあのつぐみに対する視線には「甘すぎる」との批評があるが、私には、それは甘さよりも包容力に思える。哲学的に聖母マリアは私たちがもつ一般的な「優しさ」のイメージと重なる。神学的にみるなら、マリアは神ではないから「上からすべてを見通す」存在ではない。マリアを神の聖なる母である特別な人間と位置付けているカトリックを長年信じる知人に尋ねてみると、聖母は祈りを神に取り次ぐ存在で「共に祈ってくれる方」だそうだ。神学的に語るなら、マリアは神として上から私たちを見通すのではなく、私たちの側から一緒に神に向かう保護者となる。「宗教的」というためには、マリアも私たちも包み込む立場である、神という絶対者がいなければならない。いわゆる人格神とまでは言わないまでも、氏神様でも仏様でも、少なくとも、慈悲なり愛なりの方向性をもち、人知を超えたハイヤー・パワーの存在が示唆されなければ、厳密には宗教的とはいえまい。

ばなな文学にはそこまではっきりした絶対者の影は感じられない気がする。ばなな氏が聖母マリアを宗教世界の神に近い存在に位置付けていたとしても、言及されている聖母から何らかの方向性も、人間の側からの信仰も感じないのである。氏のいう宗教的なものとは、スピリチュアルな世界のことではないかと思うのだ。

浅いとか未完成という意味ではない。つぐみが手紙で示唆するように、まりあもつぐみも子供時代をきっちり卒業し、ある意味で一度死んでから、新たな人格として次のステップに進む。この死と再生の哲学は、成長、加齢という人類にとって永遠のテーマを物語に託して克服し、読者に勇気を与えようとするばなな氏の深い精神にほかならないだろう。安易に神の意思を持ち出さないからこそ、ばなな文学は一つの時間論として成立し、スターティング・メッセージという哲学になり得るのではなかろうか。

「TUGUMI」に込められた吉本ばなな的不易流行とスターティング・メッセージは、

動きをテーマにしながら時代に翻弄されない揺るぎなさも兼ね備えている。だから私は、何かのスタートを切るとき、気が付くとこの作品に帰ってきているのである。

「アラビアンナイト」シャーラザッドが語る ご馳走と天国と真理の物語

「それはどんな話かね」と王がたずねると、シャーラザッドは語り出した。

（「千夜一夜物語」大場正史訳）

「千夜一夜物語」通称「アラビアンナイト」は、九世紀ごろに成立したアラビア・ペルシャの説話集である。残酷な王に嫁いだシャーラザッドが、王による殺害を逃れるために、妹のドゥニャザッドの協力を得ながら毎夜枕辺で物語を聞かせる形式をとっている。王は話の続き聞きたさに妻を殺さず、ちょうど千一夜目で話が終わったころ、荒れた心が解ける。外枠の物語のなかに、シャーラザッドが語るさまざまな物語が織り込まれる。

民話分類では、このように一番大きな物語のなかにさらに物語がはめ込まれている形式を「枠物語」と呼ぶ。主となるストーリーの主人公が身の上話や旅の経緯などとして語るもう一つの話が嵌《はま》るという二重構造、もしくはその旅の途上で旅人が語るさらに別の物語と、せいぜい三重構造くらいまでが普通である。ところが「アラビアンナイト」は、シャーラザッドが王に話を語り聞かせるという全体の枠のなかに、シャーラザッドが話す物語の「主人公」がいて、その「主人公」が旅や商いをするなかで出会う人々から「聞かされる物語」があり、その「聞かされる物語」の「登場人物」がさらに別の人から話や諺《ことわざ》を聞くというような、大変複雑な構造になっている。枠物語どころか「マトリョーシカ型」とでもいいたいほどの造りで、少し間をおくと、どの物語枠の何の話だったか分からなくなってしまう。民話や説話の集大成なので、物語自体の輪郭は単純であり、イスラム教という確固たる価値観に基づいて書かれているので、展開もどちらかといえば単調な印象だ。現代の漫画や大河ドラマのように刺激的なストーリーに慣れてしまうと、複雑な割りに単調な昔の物語を血湧き肉躍る気持ちで読むことは難しいかもしれない。

それでもこの不思議な長編は、一度ページを開いてしまうと終わりまで読まずには離れられなくなるのだ。まるで形のない強力な磁石が仕込まれているかのように、物語が終わるまで読者を自由にしてはくれない。あたかも、シャーラザッドが命を永らえるため必死で物語に吹き込んだ、夫の心を捉えて放さない力が、後世の読者にも及んでいるかのようである。

この神秘の力に導かれ、私は大学四年生の始めから大学院を経て、通信社に就職して数年後までの約十年をかけ、この物語を点字で読了した。

大学四年生に進級して卒論のことで頭がいっぱいになり始めたころ、見計らっていてくれたかのように、三重県の点字図書館がこの本の全文を点訳したというニュースが点字新聞に載ったのである。

ちょうど、フランスで初めて「妖精物語」という言葉を使って物語を書いたマダム・ドーノワについて勉強することに決めた私は、妖精物語の源流に流れる民話や説話も一通り学ぶことになり、入手できる世界の民話や説話の本を手当たり次第に読み出していた。

「アラビアンナイト」は、そんな私の書棚に飛び込んできた最高の資料となった。三重県から送られてきたのは、美しい布で装丁した手打ちの点字本だった。真新しい表紙を開くと、パリッと背表紙が鳴り、爽やかな紙の匂いが立ち上ってきた。なんと、私が最初の読者らしかった。「全九十九巻」。墨字で十冊前後の本は、点訳すると九十九巻になったのだった。

私は、卒論に役立ちそうな箇所をノートに写しながら読み進んだ。その後大学院で同じ作家の研究を深めることになり、さらに読み進んだ。修士論文を無事提出して就職し、ノートは論文の資料とともにどこかに仕舞ってしまったが、読書は続けた。学生時代には論文のテーマに関係のあることばかりが目に留まり、「空間移動の手段」や「三つの試練」、「援助者の登場」、「結婚の大団円」などのモチーフ分析に夢中になっていた。英語のニュースをリアルタイムで日本語に翻訳する仕事に就き、世界経済の動きや国際政治を体系的に捉えられるようになると、物語はもはや民話分類の一体系に収まらなくなった。「アラビアンナイト」は、さまざまな人間の心理や業、かけ引き、信仰、権力、戦いといった人類のあらゆるテーマを内包した人生の参考書になっていった。

全編を読み終えてハタリと本を閉じた瞬間、「本当に千一夜で終わっているんだ～!」と素朴に感激した。試しに最後だけお読みにならないように。

では早速、「アラビアンナイト」が私たちを魅《ひ》きつける魔力の深層に迫っていこう。膨大な物語すべてをとり上げるよりも、私たち日本人にもなじみが深く、また「アラビアンナイト」の面白さが凝縮されているともいえる「アラジン・アブ・アル・シャマトの物語」を中心に味わってみたい。

仲買人はさっそく麻薬《ハシシ》を売っている男のところへ出かけて、ロウム産の固形の阿片を二オンス、それからシナ産の華澄果《ひっちょうか》、肉桂《にっけい》、丁子《ちょうじ》、小荳蔲《しょうずく》、生薑《しょうが》、白胡椒《しろこしょう》、山蜥蜴《やまとかげ》なども同じくらい買いもとめました。そして、これをみんないっしょにつきまぜて、甘いオリーヴ油でぐらぐら煮たてました。それから、三オンスの乳香のかけらとコップ一杯のこえんどうの実を加え、全体をよく浸して柔らかにしたうえ、ロウム産の蜂蜜をまぜて、糖薬をこしらえました。老人はこれを鉢に入れて、商人のところへ持っていって手渡すと、「これが強精剤です。用法を申しあげますと、夕食後に匙《さじ》でこれをめしあがっていただくのですが、ばらの砂糖漬で作ったシャーベット水といっしょにのみくだしてください。けれど、まず夕ご飯のときには、よく味のついた、香料をうんときかせた羊の肉と家鳩の肉をふんだんにめしあがってください」

まだ訪ねたことのない砂漠の物語でまず私が魅了されたのは、こうした食事と秘薬の描写である。四十年も子種を授からないこの商人に、市場の仲買人の副監督の老人が手渡した謎の「強精剤」。どの店にもない秘薬には、なんといろいろなものが入っていることか。日本でもイモリの黒焼きは昔から強精剤（惚《ほ》れ薬《ぐすり》）だったそうだが、アラビアのほうでもイモリ（両生類）に割合近い山蜥蜴（爬虫類《はちゅうるい》）が加えられているあたりも見逃せない面白さであろう。この強精剤を飲むに際し、これまた精力のつきそうな「よく味のついた、香料をうんときかせた」鳩や羊の肉を食べておきなさいと指示が付く。何しろ四十年分の精力を取り返そうというのだからただ事ではない。

だがその目的をちょっと忘れて薬の味だけを考えてみても、意外に美味《おい》しそうではないだろうか。阿片や山蜥蜴はいただけないとしても、蜂蜜や香料、「甘いオリーヴ油」に至っては、いったいどれほど高価で上質な油なのだろう。ネットリとした秘薬を少しザラザラした金属や陶器？でできた匙で口に運ぶと、蜂蜜の粘りにさまざまな粒子の混ぜ物が練り込まれ、ツブツブと唇をくすぐる。舌の上で転がすと、眩暈《めまい》のするような強い香料の香りが頭から胸の奥まで広がり、蜂蜜の甘味をかい潜《くぐ》って、生姜や胡椒やその他の「不思議なもの」の味が、痺《しび》れるような感覚とともに舌に伝わってくる。

この不可思議な食物を飲み下すのは、秘薬に負けない魅惑的な響きの「ばらの砂糖漬で作ったシャーベット水」なのである。

「ばらの砂糖漬で作ったシャーベット水」

この言葉を聞いただけで、すでに夢のような気持ちになってしまっている。私たちの知っているシャーベットは果汁やココアを砂糖水と混ぜて凍らせた氷菓子だ。まさか古《いにしえ》のアラビアの砂漠で氷菓子は作られていなかったであろうから、この「シャーベット水」なるものが正確にはどんなものなのかよく分からない。けれども、薔薇《ばら》の高貴な香りと花びらの微妙な甘味、それを引きたてる砂糖のこくがヒンヤリした滑らかな液体となって唇の間を滑り込んでくる感触は想像できる。わざわざ強精剤を誂《あつら》えなくても、この魅惑の飲み物一杯飲んだだけで、天国に迷い込んだようにうっとりとしてしまいそうである。

水の乏しい旅路では、飲み物は命の綱である。あるとき私は、椰子《やし》の実を刳《く》り貫《ぬ》いてなかのジュースを直接飲んだ。初めての経験で、甘いのか酸っぱいのかよく分からない味の微妙さが気になり、あまり好きではないと思った。ところが、少し飲んだら突然、「アラビアンナイト」で飲み物が振舞われる場面の記憶が浮かんだのだ。とたんに、椰子の実ジュースはアラビアンナイトふうに言えば「甘く澄んだえも言われぬ味の素晴らしい飲み物」に変身した。いまや、椰子の実ジュースは大好きな飲み物の一つである。

オアシスには水が豊富にあるとしても、道中に持ち歩いたり振舞われるのは、酒やシャーベット水など味のついたものが多いようだ。しかし、人からもらうものには常に危険が伴う。

「水がありましたら、飲ましてください」とアラジンが答えると、フランク人はシャーベット水をもってくるように言いつけました。さし出されたこの飲み物には麻酔薬《バーング》がまぜてありましたから、アラジンは飲み終わらないうちに、あお向きにひっくり返ってしまいました。

そんな危険を冒してでも、旅の空では人を頼り、食べ物や飲み物を乞わなければならない事態が起きる。永遠に続くかと思われるような砂地を何十日もかけて渡り歩き、摂氏五〇度というような激烈な太陽の光と戦い、荒波を乗り越えて船を漕ぎ、命の危険を承知で旅をする。そんななかで振舞われる甘い飲み物や芳醇《ほうじゅん》な酒は、唇に当たるとたんに至福の時を与える命の秘薬でさえあるだろう。一方この秘薬も、至福が続くことを保証してはくれない。明るい南の世界でも、一寸先はやっぱり闇なのである。預言者ムハンマドが慈悲深きアッラーの啓示を受け、砂漠の民を新たな時代へと導いた背景には、こういう環境があったのである。

「アラビアンナイト」が私を魅了したもうひとつの力は、「容赦ない光と闇」の走馬灯のなかで、人々がいじらしく守る信仰である。罪や人間の業を遠ざけた信仰ではない。神を称《たた》えてもお祈りしても避けられない罪を自覚し、だからこそ必死で守ろうとする信仰である。

シャーラザッドが物語る世界の人たちは、本質的にはとても純粋な信仰に恵まれている。善良な商人や美しい姫、賢い王様たちはもちろん、盗賊や人をだます悪いやつらもそうなのだ。「のう、おまえさん、品物もお金もおまえさんの命を救った身代金というわけさ。けれど、もしわしのいうことをきいてくれりゃ、おまえさんの失くしたものの二倍ものものをさしあげてもいいがね」などと誘惑して当時としては道ならぬ行為への荷担をもちかけたり、誰かを殺したりと、さんざんひどいことをしておいて、時間になれば殊勝なほど熱心にメッカに向かって額ずく。

　祈りが終わればまた泥棒に出かけていく。犯罪も欲望も、それを犯す人々の信仰も、同じように真実なのだ。これが人間の実態であり、人心の真理である。シャーラザッドの語る話は、そのどちらも等しく直視している。犯罪者に信仰がないわけでもなく、また善良な神の民が罪を犯さないわけでもないのである。

　こんなに脆《もろ》く、それでいて強い信仰。これが、私を魅きつける。

　そのような信心のあり方は、物語の随所にみられるこんな記述から感じ取ることができる。


（しかし、アラーは隠れたものを知る神、物を統べ、崇《あが》められ、物を与え、恵みを施し、あわれみをかけたもう全知全能の神である！）

　この一節が（　）に入っているのは、アッラーやムハンマドの名前が出るとき、ほとんどの場合その名前とともに「この方の上に平安あれ」というような挿入句が入るからだ。（　）は、その挿入句を意味する。恋敵との議論や戦場での名乗りなど、現代人からみれば挿入句を入れている場合ではなさそうなときでも、彼らは実に律儀にアッラーを称え、ムハンマドを称賛してから本題にとりかかる。それがアラビア流といえばそれまでだが、自分の命が危ないという深刻な場面でもアッラーを称える挿入句を忘れない心がけは天晴《あっぱ》れであろう。それができるのは、彼ら全員が聖人のような霊性に恵まれているからというよりは、彼らの中にそれほど自然にアッラーが存在し、いつも彼らとともにいるからではあるまいか。

以前、サウジアラビアの人々が捧げる日常の祈りのCDを買った。驚いたことには、祈りの最中に、みんなけっこう好き勝手に咳払《せきばら》いしたり、二言三言会話したりしているのだ。「ライラーハ・イル・アッラー、ゲホ、ゲホ、アアーン、何とかかんとか」といいながら、タイミングがくるといきなり「ワッラワラワラ」のような祈りの言葉に突入する。落語の「小言念仏」ではないが、お祈り中に話したりしていいのかな？　と不思議に思える。彼らにしたら、一日に五回ずつもやっていればそうそう緊張ばかりもしていられないのだろう。祈りが生活に入っているとは、そういうことなのかもしれない。

以来、あのCDを思い出しながら読むようになった。私たちはみな、心に綺麗《きれい》な部分と汚い部分を併せ持っている。そう分かったうえで、汚い部分を自分で嫌ったり改めたりしながら、綺麗な部分を追求しているのではなかろうか。汚い部分のほうに忠実に生きているように見える人でも、綺麗な部分のささやきを永遠に無視することはできないだろう。清濁の狭間で翻弄されながらアッラーにすがってがんばった昔の人々の健気な気持ちに、私は悲しいような愛情をおぼえるのである。

純粋な信仰と途方もない犯罪、冒険が入り混じるなかで、人々に束の間の安らぎを与えようというのか、シャーラザッドはもう一つの楽しみを用意してくれている。私を魅了した三つ目の要素は、天国のイメージである。それは主に、音楽、ご馳走、そして水もしくは涼味という三つに集約されていると思う。

アラジンがなにか音楽を聞かせてほしいと言いますと、妻はルートを手にして、非情の石ころさえも踊り狂わんばかりの調べをかなでました。指さきにふれる絃《いと》さえも感きわまって、「おお、いみじき者よ！」と叫び出さんばかりのありさま。やがて、ルートはゆっくりとした調子から、急調子の、陽気な調べに移っていきました。

ズバイダーは岩《いわお》さえ喜びに踊り出さんばかりの調べをかなでました。アラジンはこれを耳にすると、恋しさに腸《はらわた》をかきむしられるようなせつなさを覚え、小部屋からとび出して、妻のズバイダーに身をなげかけて、胸に抱きしめました。

見ると、四人の托鉢僧《たくはつそう》が外にたたずんでいます。「なんのご用ですか？」ときくと、一同は「ご主人さま、わたしどもは異国の者で、諸国を流れ歩いている乞食僧でございますが、魂の糧はなんと申しても音楽に美しい歌でございます。（中略）わたしどもは音楽が好きで、頌詞《しょうし》も端歌もつけ歌も、みんなどっさりそらんじているのでございます」

物語の随所で、ルートと言われるギターの原型のような楽器が奏でられる。聴く人々は心をほぐされ、托鉢僧たちは魂の糧を得、アラジンは愛のシグナルを送る。リズミカルで遠くにいざなうような調べが天幕や宮殿の乾いた空気を満たし、人々のさざめきと混じりながら耳に入っていく。音楽は時を止め、人知を超えた力を発揮するのである。

今度は、ご馳走のイメージを読んでみよう。

姫は三番めの小面を空へむけて、「アラーの御名の力によって、木々を生やし、そのかたわらに川が流れるようにしておくれ！」と、たちまち木々がすくすくとのび、そのかたわらに小川が勢いよく音を立てて流れはじめました。三人は沐浴《もくよく》をして、祈りをあげると、その流れの水を飲みました。姫は三つの小面をつぎつぎに表にして、食卓を描いた四番めの小面のところまでくると、「アラーの御名の功徳によって、食卓をひろげておくれ！」と言いました。と、なんと、ありとあらゆる種類の珍庖《ちんぽう》佳肴《かこう》を並べた食卓が目の前に現われました。

長い物語のなかで、この箇所ほど私を喜ばせたところはなかった。駆け落ち同然の旅を続け、荒涼たる砂漠を延々とやってきてくたびれ果てているところで、女性であり、当然力の弱い姫が魔法の小面でオアシスのような水辺を一瞬にして出現させ、ありとあらゆる珍庖佳肴を一同に振舞うのである。先に述べた秘薬のレシピと違い、宮殿や砂漠で人々の心を真に満たすご馳走については、ほとんど何のディテールも書かれていないのが、アラビアンナイトの大きな特徴ではないかと思う。たとえば、アンデルセン童話の「マッチ売りの少女」に出てくるご馳走は、明らかに姫が砂漠で出したメニューとは違うだろう。北欧のご馳走、アラビアのご馳走、昔のご馳走、そしていま私たちが思い描くご馳走。私にとっては、やはりフランス料理がベースの柔らかい肉類や洗練されたケーキ類、あるいは旬の材料を丁寧に煮炊きしたものや貝殻にもられた新鮮な魚を使った和懐石がご馳走である。卵焼きがご馳走だった世代もあるし、忙しい現代の子供たちにとってのご馳走は、メガバーガーやこだわりピッツァなどのファストフードか、反対に「森の茸《きのこ》の何とやら」といった自然度の高い料理かもしれない。砂漠で出されたご馳走なら、羊や鳩の肉を美味しく焼いたもの、もしくはレンズマメやクスクスを煮込んだトマト味のものかもしれない。ありとあらゆる珍庖佳肴と書いてあれば、どの時代の、どの国の読者がいかなるご馳走を想像することも可能である。細やかすぎる記述がないからこそ、私たちは好きなだけ細やかに、味を伴って、本という器から文字のご馳走を鱈腹《たらふく》食べることができるのである。

そして、最後のパラダイス。それは水である。このことを思うたびに、私はスペインで訪れたアルハンブラ宮殿の水の流れの音を思い出す。回廊を流れる水の音がイスラムの人々にとっての天国だとすれば、姫が出現させた小川も、きっとあのようなせせらぎの歌を奏でていたことだろう。空からは相変わらず太陽が照りつけ、表面が空気を含んで少し浮きあがっているかのような砂地は、手で触れられないほど熱されている。そこに、涼しげな川が現れた。砂地を流れる水音は、砂浜に寄せる潮騒のようにサワサワと軽やかだったかもしれない。

砂漠の人たちにとって、太陽から解放されることは天国に入るのに匹敵する幸せなのだろう。ときには「夜があけて朝日がきらきらと輝き出すと」といった表現はみられるが、それも夜明けという、太陽支配が始まる前の時間の描写であり、本当に心安らぐ描写が頻出するのは夜である。赤ちゃんが生まれれば「満月のような男の子」と表現するし、女性の名前であるレーラは、夜を意味するという。日本なら「陽子ちゃん」とでも付けるところを、あちらでは「夜子ちゃん」と付けるようなものだろうか。

アラジンはひと目見ただけで千度も吐息をもらしましたが、それもそのはず、さながらまんまるいお月さまが雲間を泳いでぬけ出してきたように美しかったからでございます。

と、満月を美しさの基準とする表現は男性に限らない。「アラビアンナイト」の人々は、こうして夜のような平穏な時間と月のような美しさ、太陽が威張り散らしていない水辺という天国に辿り着くことをひたすら夢見ながら、日々の過酷な旅路を耐えていたのかもしれない。

この物語は、試練と解決の繰り返しのなかに、美しい詩や祈りの言葉が織り込まれた壮大なミュージカルの印象を与える。ともに、個々の事件は昔のものであっても、恋愛や物欲など、いま私たちが直面している現実のテーマが大らかなタッチで描かれている。砂漠の旅路や商人たちの息遣い、生々しい人間の本性も描かれる。イスラムの聖典クルアーンも引用されるので一見教育的に読める箇所もあるが、教訓を通じて読者を導くというよりは、私たちの真の姿を仮借なく描くことによって、読者が自分の力で解決策を見つけるためのヒントとなっている気がする。もちろん、もっと素朴に、ご馳走や優雅な宮廷生活を追体験する気持ちで単純に楽しむこともできる。それもまた、この物語のすてきな味わい方である。

昔の長編には、名言や教訓が含まれているものも多い。読み方としては、教訓や「好きな箇所」を見つけてそこだけを味わうよりも、昔の、異国の空気、人々が聞かせてくれる音楽、食べさせてくれるご馳走を一つの世界として受けとめ、作品全体が醸し出す空気を吸いにいくという感覚をマスターすると、楽しさが広がるのではないか。ピアノを勉強していると、「バッハは常に弾いているもの」と教えられる。バッハ作品が基礎と深層を併せ持っているため、音楽力の厚みを保つには常にバッハに立ちかえる必要があるからだ。「アラビアンナイト」のような昔の長編も、ピアニストにとってのバッハと同じで私たちが人間性を保つために立ちかえる世界であり、空気なのではないか。

千一夜をかけて若妻シャーラザッドが語った壮大な物語は、こうして、その構造に負けないくらいたくさんの層をもち、時代も国も超えて読者たちを心の旅路へといざなってくれるのである。

「海の上のピアニスト」境界が抉り出す人間の悲しさ

ダンス室の板張りの床の上をピアノが滑りはじめ、わたしたちもそのピアノにぴったりとくっついて、動きはじめました。
(「海の上のピアニスト」草皆伸子訳)

一九〇〇年、世界の海を航海していた二千人乗りの大型客船ヴァージニアン号。その一等船室、ダンス室のグランドピアノの上に、三等船室に乗っていた移民の捨て子らしい新生児がダンボール箱に入れておかれていた。ダニー・ブードマン・T・D・レモン・ノヴェチェント。船で生まれ、船で育ち、船から一度も降りることのないまま生涯を送り、老朽化した船とともにダイナマイトの煙幕に包まれ天に帰った世界一のピアニストである。

これは、ノヴェチェントと親友になったトランペッターの目を通して語られる、音楽と波の音に抱かれた不思議な不思議な物語である。

この作品には、本よりも映画を通じて親しんでいる方が多いかもしれないが、原作はモノローグ形式の戯曲である。

私がこの本と出会ったのは、映画の上映がほぼ終わったころだった。映画のことを知ってはいたが、何となく素通りしていたので、船とピアノをこの上なく愛する私は、点字図書館から送られてきた新刊目録に書名を見つけ、すぐに貸し出しを申し込んだ。

十九世紀フランス印象派の作曲家クロード・ドビュッシーは、もし音楽をやっていなければ船乗りになっていただろうと言ったそうだ。その言葉を借りるなら、もし私が目の見える男性に生まれていたら、船乗りになりたかったと思う。長期の航海のつらさや揺れの恐さを知らないからそんな暢気なことを言っていられるのかもしれない。だが、人間がただ飛び込んだら間違いなく沈んでしまう水を、表面積と浮力によって克服したこの船という乗り物は、カヌーから高速艇に至るまで、火や電気の発明に匹敵する人類の偉大な知恵の賜物《たまもの》として、私を魅了して止まないのである。

水面を滑る船の甲板に立って、温かい陽光を頬に受けながら潮の香りに包まれていると、スクリューが蹴る水の音が刻々と変化していく。晴れた日の海水は、比較的密度の濃そうな日本海のような海であってもどことなく軽やかな音を立てながら、飛沫《しぶき》となって躍っている。曇りの日の海水は気のせいか少し音が鈍く、飛沫の粒も大きくまとまって聞こえる。雨の日の水音はますます重く、低く響いている。

足の裏には、船が次々と越えていく波の山が、船底を通じて感じられる。さながら水面をスケートで滑りながら波濤《はとう》の高さや波長を足で触っている心持ちである。波に体が持ち上げられると、地球の揺籃《ゆりかご》に抱かれて佇《たたず》んだまま悠久の眠りに落ちたようなトランス状態になるのだ。こんなふうに、水に揺られ、水の音に耳を預けて静かに佇むことは、船でなければできない。私はそうやって海の音に聞き入りながら船が港に碇《いかり》を下ろすモーター音を聞いて海の旅を締め括るのがたまらなく好きである。観光客にすぎない私に船長さんが「航海お疲れさまでございました」と声をかけてくれたりすると、本当に「航海」したような嬉《うれ》しさに満たされるのだ。

作品のもう一つの要素であるピアノは、私の体の一部、生活の一部になっている。たとえ数分でもピアノに触らなかった日は、なんだか食後のコーヒーを飲み忘れたようなさっぱりしない気分になる。「大好きモチーフ」である船とピアノが揃ったとあれば、本を開かないわけにはいかないであろう。

かれが弾くとき、その手には迷いがなかった。鍵盤はその音が弾かれるのを、かれの手がそのキーの上に降りるのを、ほかのどのキーでもなく、まさしくそのキーの上に降りるのを知っているかのようだった。

ピアノを弾いていると、心のなかが一種の海になる。心から溢《あふ》れる言語が体から指を介して鍵盤へと伝わり、指の向こうにつながっているハンマーが弦を打って音が生まれると、打鍵の手応えと和音の響きが指先を伝って返ってくる。心のなかには水面近くの明るい光と深海の水圧、水面の波と、あらゆる水の動きが次々と現れてくる。

画を描く人もスポーツをする人も、それぞれの種目に没頭しているときには、おそらくいろいろな形の心の海が現出していることだろう。その海は、種目により、楽器により、人によって千変万化するものであり、一回一回のプレーや演奏は必ず世界に一つしかない海を作り出す。

ピアノは、微妙な力の変化や弾くときの手の角度によって、一音一音の音質がすべて変わっていく。これは、チェンバロ、チェレスタ、パイプオルガンなどの、「安定した音」を追求する鍵盤楽器と大きく違う点ではあるまいか。

そのため、ピアノを弾くときには、文字通り鍵盤と一体化して体を動かし、音楽に全身を委ね、曲転回の波に揺られ、移ろいながら流れていく旋律という海を渡っていく。

弾きながら完全に無心になることもあれば、日々の想いをピアノと語り合うこともある。音楽に埋没してピアノと一体化したときには、時間そのものの感覚が消滅してしまう。

ピアノは一台一台違う言葉をもっているので、本来はそれぞれに「最適曲」があるのかもしれない。

しかしたとえそのピアノ特有の言葉と違う音楽を弾いても、ピアノは愛情溢れる楽器なので、こちらの心を読みながら、上手に言語を調節してくれる。だから何度弾いても、どんな音楽を弾いても飽くことがない。私は四歳ごろからピアノを始め、今もレッスンを受けながら弾き続けているので、ピアノは一番親しい楽器であり、ある種のソウルメイトである。毎日鍵盤に向かうと、ピアノは必ず違う世界を出現させ、果てしない未知の宇宙にいざなってくれる。

あるとき、どんな音楽で語りかけてもピアノ自身の言語で応え、弾き手の心を読み取っているかのように指と体にぴったりと付いてきてくれる楽器に出会ったことがある。ベーゼンドルファーという会社のピアノだ。この機種の音色は非常に甘く伸びやかで、それでいて極めて切れ味がよい。打鍵の力やスナップの使い方に応じて、あらゆるタッチに応えてくるばかりか、どんなタッチにもぴったりな音を紡ぎ出してくれる。初めてベーゼンのピアノでフランツ・リストの「タランテラ」を弾いたときには、あのおじいさんのようなピアノが「そうかい、次はこのオクターブを響かせるんだね？　手が小さいから少し力を強めに加えなさい」などと話しかけてくれるのが聞こえた気がした。私から話しかけて応えてもらうことはよくあるが、ピアノのほうから先に話しかけてくれることは、なかなかない。ピアノがまるで、ノヴェチェントがこれから弾く鍵盤を知っていたかのようだと書かれた件を読みながら、私はあのときの震えるような感動を思い出していた。

ピアノと対話し、ピアノという時空を超えた乗り物で自由自在に心のなかの世界地図を飛びまわっていた「海の上のピアニスト」の内には、どんな海が広がっていたのだろう。彼は実際に海を見て暮らしていたが、音楽がもたらす心の海は、きっと彼が見ていたどの海とも違い、霊感と歓喜に満ちていたに違いない。

抑えが利いているうちはジャズを弾くけれど、抑えが利かなくなるとジャズを十倍にしたような、ものすごいのを弾くんだ、って。

彼は港にいる間は「陸地っぽい」雰囲気がするからといってピアノを弾かない。口数が少なく物腰の柔らかな青年ノヴェチェントが本領を発揮するのは、「海の真ん中、海岸線の灯りが遠くに見えるか、あるいはまったく見えなくなって人びとが町の灯りをなつかしく思いはじめてから」であった。そんな彼に「音楽の決闘」を申し込んできたのが、自分を「ジャズの創始者」と信じるスターピアニスト、ジェリー・ロール・モートンだった。ノヴェチェントは受けて立ち、船上のダンス室で真剣勝負が始まった。

ジェリー・ロールは高音、それも鍵盤のいちばん端のところで、聞きとれないくらい微《かす》かなトリルをして、曲を弾きおえました。それは、あたかも大理石の床の上に小さな真珠が滝のように落ちるがごとく、えもいわれぬ妙音でした。

この描写を読みながら、私は映画ではいったいどんな音楽が弾かれたのかと興味津々だったのだが、読了後何年かは映画を見る機会を得なかった。

そんなあるとき、パソコンを使って一人でＤＶＤの映画鑑賞を楽しめるようになったことから、ふと思い立って久しぶりにこの作品と映画で出会ってみることにした。ノヴェチェントの奏でる「この世のものとは思えない」音楽、ジェリーのテクニック、勝負に勝ったノヴェチェントが弾いた「腕が百本あるんじゃないかと思えるぐらい」ものすごい曲は、いったいどんなふうに再現されるのだろうか。

映画論に深入りすることは控えるが、一言でいうと、ノヴェチェントの音楽はクラシックふうのジャズであり、ジェリーの音楽はジャズふうクラシックのような気がした。物静かなノヴェチェントの音楽には良く合っていて、勝利を決めた超・超絶技巧でさえも、音楽の底には深海の水圧のような静けさが流れていた。対して、ジェリーの音楽は少しばかりおとなしすぎて、率直にいって物足りなかった。なかでも「どうだ」とばかりにジェリーが弾いた最初のラグタイムの「聞きとれないくらい微かなトリル」は、私が言うのも何だが、もう少しがんばってほしかった。

ピアノの音にも疑問があった。船の上のダンス室のグランドピアノや、三等船室の移民たちと楽しく奏でるアップライトピアノは、かなり音がくるっているはずに思える。

映画では、どちらのピアノもまるで星の煌《きら》めきを凝縮して湖面に落としたような、美しく透明なグランドピアノの音で統一されていた。たいていの場面で使われているグランドピアノは私にはスタインウェイのように聞こえたが、いずれにせよ、いくら豪華客船とはいえ、こんなに正確に調律されたクラシックコンサート用のピアノの音では、本の描写から聞こえてくるノヴェチェントの奔放な演奏がクラシックの枠にはめられてしまうようで、惜しい気がした。

ノヴェチェントは才能に恵まれてはいたが、専門家に師事して基礎を学ぶという経験をしていない。だからジャズの大らかな音なら演奏として成立するが、クラシックピアノで綺麗な指使いをもって弾かれる音ではないはずなのだ。少しでもピアノを勉強した人なら、弾き手の基礎テクニックがどのくらいなのか、師事している先生の弾き方がフランス式かドイツ式か、あるいはアメリカ式かまで聞き取ることができる。文字から入って、太平洋の波のように広大でかつ繊細なジャズを想像していた私は、あまりにクラシックなピアノの音にがっかりしてしまった。

しかし、これがヨーロッパ人の心にあるラグタイムなのだろう。そういう耳で聞けば、ヨーロッパの目からアメリカを、船を、海を見るようで、また別の楽しみが味わえた。ノヴェチェントには、どうしても超えられないものがあった。それは、境界線だった。

あの日、ノヴェチェントは人生という白と黒の鍵盤の前に座って、前代未聞の天才的な音楽を弾きはじめようとしていたんです。それは、複雑で美しい音楽。どんな音楽とも比べられない、偉大な音楽だった。そして、かれは残された人生をその音楽に乗って踊りつづけることに決めたんです。

ノヴェチェントには「人間を読む術《すべ》」というもうひとつの才能があった。船に乗ってくる世界中の人から聞いた話や歌をすっかり読み取り、自分の頭の中の地図に書き込むことができたのだ。大都市も名もない村も、飛行機もライオンも、パリの町の景色もバーサム通りの匂いも。ピアノに集中する透明な心によって、彼は世界の情報を居ながらにして実感し、味わい、嗅いでは想像の糧にしていったのだろう。

この想像法は、景色をもたない私が人の説明を頼りに風景をイメージするのと似ているかもしれない。読者が文字を通じて時空を超えたさまざまな感覚を味わうのとも似ているだろう。これは彼の才能だったと語られているが、すべての人に備わっている能力なのだと思う。

移動に制限のある私は、極端に限定された世界のなかで心を解き放つ術を身に付けたノヴェチェントの気持ちに実感を伴って共感した。そして、極限閉鎖のなかに生きる人の心理や、その人がいかに「受動の世界」を克服して「能動の世界」へと発展しようとするかを、ここまで具体的に、正確に感じ取り、まさにその感覚そのものに焦点を当てた作品を書いた作者アレッサンドロ・バリッコの着目に感服したのである。

動けない状況のなかで心を自由にする才能に恵まれたがために、彼は境界線を越えなければというアイデンティティ・クライシスを行動によって解決できなかった。「陸地から海を見てみたい」という好奇心からたった一度下船を試みたが失敗し、船に籠ってすべての夢を凍結する決意をしてしまう。この悲しい結末は、作品をただの「船とピアノを小道具にしたファンタジー」に終わらせず、「境界と自由」、それを通じて人間の悲しい性を描いた深い作品たらしめていると思う。

才能や知識は素晴らしい賜物だけれど、一人の人間としての人格を完成させるためには、ノヴェチェントが一人の人間として自発的に船の境界線を越えて無限の世界に飛び込まなければならなかった。自分の世界を確立して一人立ちするには、ときには冒険もして無限の世界に正対する必要があるからだ。下船に失敗して夢を凍結した海原のピアニストは、境界線を越えられなかったために自分の音楽までも凍結してしまったのだった。

ダイナマイトの箱に座ったノヴェチェントは、一緒に陸に行こうと説得にきた親友のトランペッターに向かって述懐する。

たとえばピアノ。(中略)キーは全部で八十八。(中略)キーは果てしなくあるわけじゃない。でも、弾く人間のほうは無限だ。鍵盤上で奏でられる音楽も無限。(中略)こういうのが好きなんだ。これなら安心だ。だけど、(中略)あのタラップに足をかけて、目の前に、何億何十億というキーが連なった巨大な鍵盤が現われてみろ／(中略)

そんな鍵盤の上で人間が弾ける音楽なんて、あるもんか。(中略)そいつは神様が弾くピアノだよ／(中略)

道ひとつとったって、何百万もある。きみたち陸の人間は、どうやって正しい道を見分けられるんだい／

人間は、誰でも何らかの境界線をもっている。それを越えられる人がいる一方、能力や物理的な制限から越えられない人もいる。だが、越えられない人が必ず不自由かというと、実はそうでもないこともある。とはいえ、やはり越えるべきものは越えなければ何も始まらないのも現実である。私たちは、常にこの境界線を挟んで逡巡《しゅんじゅん》しているのではあるまいか。だから、境界線を越えられた人が勝者で、越えられない人が敗者だと決めつけることはできない。一見越えられたように見えても心の境界線は残ったままで、鎖国状態にある人もいるし、反対に物理的にはノヴェチェントのように一つの空間からほとんど出ることができなくても、心は大空に放たれた鷲《わし》のごとく限りなく自由な人もいるからである。

夢に向かって歩めばよさそうなものを。ぼくにはそれができなかった。
だから、それらの夢を凍結することにしたのさ、魔法をかけるように。

私たちは、なぜ境界線を越えようとするのだろう。それは向こう側に明確な目的があるからではなかろうか。この学校に入りたい、あそこで仕事をしたい。ノヴェチェントでいうなら、あのホールで演奏してみたい、あの先生に習ってみたいといった、船の外にある明らかな希望の対象が必要だったのではあるまいか。

彼には最後まで、それほど強い目的が現れなかった。陸から海を見てみたいと思ったときも、結局はタラップからニューヨークの街並を見た瞬間「境界線がない」という恐怖が好奇心に打ち勝ってしまった。好きな女性も現れたし、行ってみたい場所もあっただろうが、無理してそれを追いかける必要はなかった。

なぜなら、彼にはピアノがあったから。ピアノは自分と話が合った人をとことんまで惹き付ける魔力をもっている。弾き手の腕の問題ではない。ピアノは、気の合った弾き手を見分ける力をもっていて、その人の力が尽きるまで話し相手になってくれる。ときには親友として、あるいは親として、神の通訳者として……。ノヴェチェントは、自分がおかれていたピアノと戯れ、会話できるほど親しくなってしまった。ピアノは、そんな弾き手をおいそれと放しはしない。ピアノに惚れ込んだノヴェチェントには、結局ほかのものは要らなかったのではあるまいか。彼は、恋することよりも、外界に飛び出すことよりも、船の上のピアノと一緒にいられることのほうが幸せだったのではなかろうか。

下船できなかった理由はいろいろ考えられるけれど、私は結局、ピアノに魂を育てられた彼には、ピアノといること以上に強い動機がなかったのだと思っている。

だがしかし、彼が境界線を越えられずに死を選んでしまったことの背景には、そんなことよりもずっと深い、恐ろしい問題があるとも思う。

この作品で私が何よりもつらかったのは、作者バリッコが彼に老成した達成感をもたせ、死を選ばせたことである。

単なるファンタジーではないかと言われるかもしれないが、設定が現実的でないというだけで何でも「ファンタジー」として余所事《よそごと》に読むことには疑問が残る。そのように最初から作品との距離を決めて読むと、作者が「心の真実」として描こうとしている本当の問題に近付けなくなってしまう。それに、国籍をもたない捨て子がこんなふうに育つこと自体は、あの時代にあり得ない話ではなかっただろう。

私はこの話が現実かどうかよりも、作者が抉り出そうとした「心の真実」と、人類への問いかけを論じたい。

ノヴェチェントのしたことは、自殺である。彼の選択を阻止できなかった他の登場人物全員は、間接的な殺人者といえる。みんな彼を愛していたはずなのに、その命が失われるかどうかの瀬戸際で何の行動もできなかった。これでは本当にノヴェチェントを愛しているとはいえないのではないか。彼の自殺を容認した人は、全員彼を見捨てた罪人ではないだろうか。

この作品は、周囲の人々がノヴェチェントへの愛ゆえに「大人の距離感」を働かせ、彼の意思を尊重して死まで認めてあげたという友情の物語のようにも読める。しかし、親友を含め全員が彼の下船に協力しようと積極的に考えたり話し合ったりという記述がないことから、私にはむしろ人々はノヴェチェントを愛しきることができなかったのだと思える。ノヴェチェントが船の境界線を越えられなかったのと同じく、周囲の人々は、愛によって彼を守りきるために越えるべきだった境界線を、越えられなかったのではなかろうか。

作者は、夢があろうとなかろうと、人はどんなことがあっても死を選んではいけないという前提に立ち、自殺を食いとめる努力をする責任があると考えていると私は感じる。なぜなら、それが愛の本質だからである。

バリッコは、自殺という究極の結果を通して「関われない弱さ」という心の真実がもたらす悲劇を浮き彫りにし、弱い私たちが本質的な愛の実践を目指すにはどうすればよいかと、問いかけているのではないだろうか。だとすれば、作者が示したかったのは「西欧的個人主義」の姿でも「自由意思の尊重」の有り方でもなく、「現代に流れる冷たい不干渉」という病巣だったとも考えられはしないだろうか。越えられない境界、関われない腑甲斐《ふがい》なさ。それでも、人は愛する責任を負っているから。

作者はノヴェチェントに、身を挺《てい》して語らせたのかもしれない。愛するとは関わることなのだと。そしてもしできるのなら、夢を実現すべく歩んでくれたまえ、と。

与謝蕪村の俳句
音のある黙示録

方百里《はうひやくり》雨雲よせぬ牡丹《ぼたん》かな　（以下、蕪村の句は、正岡子規『俳人蕪村』より）

与謝蕪村《よさぶそん》の入り口として、手始めに牡丹の観察を通して句を味わってみよう。蕪村の牡丹の句のなかで、この句は何物をも寄せつけない牡丹の高貴さと力を詠《よ》み果《おお》せた真骨頂ともいえる、力のある作品だと思う。

凛《りん》と咲き誇った牡丹は、重みとあでやかな色、手の込んだ装飾細工のような花弁と清《せい》楚《そ》な香りによって、地上のあらゆる美を凝縮した姿を見せる。その「気」は脆く見えながら確固としており、まさしく百里四方の雨雲を跳ね返さんばかりである。この句からは、辺りに溢れる陽光の温《ぬく》もりを感じ、近くの林で鳴くウグイスやシジュウカラの透明な囀《さえず》りを聞くことができる。牡丹の色や周囲の景が安易に詠み込まれていないので、読者はこうして、句に自由に景を重ねて楽しむことができる。

ところで、そもそも美しいとはどういうことなのだろう。

私が初めてこの問いに直面したのは、高校の授業で、あの名句「菜の花や月は東に日は西に」を習ったときであった。一面の菜の花という大地の景に太陽と月という天空の大パノラマを組み合わせたスケールの大きさはもとより、菜の花（黄色）に入日（オレンジもしくは淡い赤）と低く上った月（薄い黄色）を組み合わせ、その色のグラデーションを名詞と方角だけで表現するとは天晴れだと思った。誰が見ても美しいとしか言いようのないものを三つも並べて見せてしまう蕪村の大胆さにも感心した。

ただ、この句の美しさが感覚として入ってこなかった。美的感覚が育つ前に風景を失ったため、花を触っても、美しいとはどういうことかが分からなかったからである。菜の花と太陽と月を突き付けられて「どうだ‼」と言われても「あっ、そっ。美しいのね？」という程度で、大して感動できなかった。

そんな私が、牡丹を苗から育てて咲かせた経験をきっかけに、「美しさ」に目覚めることとなった。それまでは、大輪の見事な花に触れても、よくできた紙細工か、デコレーションケーキの模型に触れるような感覚だった。ところが、実際に育ててみると、家族や友達と付き合うように生き生きと、牡丹の様子が分かるようになった。ゴツゴツの枝から冷たく柔らかな芽が出て葉になり、いつのまにか枝先に丸い花芽が付く。数日で硬くて先の尖った蕾が現れる。やがて冷たい蕾《つぼみ》の先が割れ、大輪の花がメゾソプラノで歌い出すかのように開く。花は蕾よりも温度が高く、高貴で気品に溢れたオーラを発していた。これが「美しい」ということなのかもしれない、と思った。

ただし、この美しさには色彩感覚が伴っていなかった。教えてもらって花の色を想像し、きれいなのだろうとは思えたが、触れて感じた高貴さや気品の感覚と結びつかなかった。

そこでこの経験を、色とともに美を感じている「見える人」に話してみた。すると、私が感じた美しさは、目で見た印象と一致したのである。花に触れるときでさえ色の存在をほぼ忘れている私でも美しさの波長を受け止めることはできるようなのである。ここで重要なのは、花弁の様子と花の質量、花が育つという「経過」らしい。八重の大輪なら「風格がある」と思うし、薄い小さな花弁が楚々と開いていれば可憐《かれん》だと思う。何色であろうと、静かに育ってきた花本来が放つ「美の波長」は、本質的に変わらないのだろう。美しさは必ずしも、色などの視覚要素だけから感じられるものではないのかもしれない。

そんな経験の後、名句「牡丹散つて打ち重なりぬ二三片」に再会した。

ハラハラと散る牡丹を、俳句では「牡丹崩る」と表現する。あでやかな牡丹が見る間に崩れ、諸行無常の体で大地に居を移していく。花弁は一層美しく、次々と折り重なっては新たな輝きさえ放っている。これは散り行く牡丹に対する蕪村の郷愁にも似た心情を表した象徴的な句とする見方もあるが、牡丹が散る瞬間に居合わせ、その瞬間に着目したこと自体が、すでに大いに貴重なのである。

この句からは、散る花という無常への切ない思いが伝わってくるだけでなく、花弁の散るサワリという微妙な音さえ聞こえてくる。牡丹が散る音は無理としても、椿《つばき》が落ちる音を聞いた方は多いのではないか。私には、牡丹ならぬ落ち椿の音がボタッと聞こえてしまうのだが、それはともかく、ポトリと落ちるあの重たい音を牡丹の花弁に置き換えてみれば、この句の中に、ドレスの一片のような花弁がハラリと落ちる音を聞くことができるだろう。この句が「牡丹崩る」という季題の説明に終わっていない所以《ゆえん》は、ここにあるのである。

地車《ぢぐるま》のとゞろとひゞく牡丹かな

絵画的と言われる蕪村の句だが、多くは直接・間接に音が聞こえる。中村草田男は、この句は「響きの中の牡丹という動的な美」を盛り込んでいると指摘する。なるほど、地車の響きが「とゞろ」と大きく表現されている。だが実際には電車のような轟音《ごうおん》ではなく、土の道を静静と走るごく素朴な音だったはずである。その脇にそっと咲き、車の地響きによって微妙に揺れている牡丹。車輪の音や車のきしみとともに「何と麗しい牡丹であることよ」といった人声も聞こえていただろう。蕪村は、「響きの中の牡丹」よりも、「牡丹を取り囲む景」を、地車の音を中心としたサウンドスケープとして描いていると思えるのである。

「牡丹剪つて気《き》の衰へし夕《ゆふべ》かな」の句には、牡丹を巡る心象が景の一端として詠み込まれている。この句からは、丹精した牡丹をチョキンと切る鋏《はさみ》の音が鮮烈に聞こえる。この発想については、連句「精進のゆりし仏の忘られず（嵐山《らんざん》）、けふや切るべき牡丹二《ふた》もと（蕪村）」を引いて、牡丹を切ってしまうことに対する蕪村の躊躇《ためら》いと、切る決心をするまでの時間の経過が表現されているとする論調が多い。私には、この句は前述の「打ち重なりぬ」と並んで、牡丹をめぐる景を動画の手法で表現し、そこに心象を織り込んだ句に感じられる。

山蟻《やまあり》のあからさまなり白牡丹《はくぼたん》

これは「蟻《ぎ》王宮朱門《わうきゆうしゆもん》を開く牡丹かな」と対比して、牡丹と蟻というモチーフによって花の色を際立たせた色彩句とされている。だが句中の牡丹にそっと耳を寄せると、牡丹を這《は》う蟻の「音」がかすかに聞こえているのである。丹精こめて育てていた実生《みしよう》の椿の葉裏に、びっしりと毛虫が付いてしまったことがある。知らずに葉に触れると、糸状のものが葉裏を網目のように覆いながらうごめいている。あの恐ろしい感触は、いまも忘れられない。一瞬、椿が病気にでもかかったのかと思ったが、ふと思い当たって問題の葉に耳を近づけてみた。すると、聞こえた。

モシャモシャ　シワシワシワ。

この牡丹の句を読んだとたんに、あの毛虫の音がまざまざと蘇ったのだ。山蟻はずいぶん立派な体をしているらしいので、深閑とした山中なら蟻のうごめく音も聴けるかもしれない。蟻の音が本当に聞こえるかどうかは分からないが、少なくとも作者または牡丹本人には聞こえていたことだろう。これは牡丹の白と蟻の黒という色彩のコントラスト以上に、「音のある言葉の動画（またはアニメーション）」といえるだろう。

一見音のない牡丹を描く句も、蕪村の句の場合、対象物を景の中において味わうと、音も無限に広がっていくのである。

では、客観美の蕪村と対照してしばしば取り上げられる松尾芭蕉の牡丹はどうだろうか。

牡丹蕊《しべ》深く分出《わけい》づる蜂の名残かな　（芭蕉「野ざらし紀行」）

これは、結果を描いた静止画である。具体的には、先刻までいたけれど、いまはいない蜂の形跡に着目した心象である。これを主観的表現とする分析が多い。

同じ花と虫の組み合わせだが、私は蕪村に軍配を上げたい。なぜなら、蕪村の句は"sceneless"にはけっして触れられない「経過」を言葉の動画で生き生きと表現しているからである。

蜂がいた形跡が実際に触って判別できるかはともかく、私にはその形跡が想像できる。牡丹が散って花弁がうち重なったという結果も想像できるし、これなら実際に触れることもできる。対して、蕪村が言葉の動画で描く「経過」は、ぜったいに触ることができない。蟻が牡丹を這うところも、牡丹が崩れてフワリフワリと宙を舞って次々と散る様子も、手で触れたとたんに壊れてしまう景である。その部分を捉え、動きや音を伴って語ってくれる蕪村の句には、美とともに得がたい情報が入っているのだ。蕪村の句を読むたびに、私は「ああ、事物とはこのように見えるものなのか」と歎息《たんそく》せずにはいられないのである。

ただし、芭蕉は蕪村に劣るという意味ではない。日本人にはむしろ、蕪村ふうに突き放した動画よりも、芭蕉の主観的静止画のほうがぴったりくる読者も少なくないであろうから。正岡子規は『俳人蕪村』のなかで、これでもかというほど蕪村の理想美、客観美を礼讃《らいさん》している。子規は牡丹について蕪村VS芭蕉のバトルを試み、蕪村の「客観的・

積極的美」について論じる。曰《いわ》く、

「芭蕉集中牡丹を詠ずる者一二句に過ぎず。其《その》句亦《また》

　　尾張より東武に下る時

　牡丹蕊深くわけ出る蜂の名残かな　芭蕉

（中略）等の如《ごと》き前者は唯《ただ》季の景物として牡丹を用ゐ後者は牡丹を詠じて極めて拙《つたな》き者なり。蕪村の牡丹を詠ずるは強《あなが》ち力を用ゐるにあらず、しかも手に随《したが》つて佳句を成す。」

「極度の客観的美は絵画と同じ。蕪村の句は直《ただ》ちに以《もつ》て絵画となし得べき者少なからず。」

　自ら芭蕉の継承者と豪語した蕪村を芭蕉と対決させてその美を際立たせるとは、粋なことをするものである。それにしても、蕪村の素晴らしさを言わんとするばかりに、芭蕉ファンが聞いたら生卵でも投げつけそうな言い様である。蕪村礼讃に至っては、

「俳句界に於《おい》て斯人《このひと》を求むるに蕪村一人あり。翻つて芭蕉は如何《いかん》と見れば其俳句平易高雅奇を衒《げん》せず新を求めず尽《ことごと》く自己が境涯の実歴ならざるはなし。（中略）今日より見れば其見識の卑《ひく》きこと実に笑ふに堪へたり。（中略）芭蕉は連句に於て宇宙を網羅し古今を翻弄せんとしたるにも似ず、俳句には極めて卑怯なりしなり。」

　芭蕉さんにはちょっぴり気の毒なほどの言われようであるが、蕪村句が自由な味わいの可能性を提供していることは、伝わってくるのではあるまいか。

中村草田男や、蕪村の連句分析を手がけた暉峻康隆《てるおかやすたか》氏は、蕪村が牡丹を詠むとき、牡丹そのものよりもこの花に寄せる感情、たとえば「散って花弁がうち重なる」までの時間経過への思いや、牡丹を「切って気が衰える」さみしさなどが主題だと述べている。同感である。とともに、蕪村はその動画的手法によって、私たち読者を「美の波長」に満ちた宇宙にいざなってくれているように思う。その宇宙は蕪村の動画と同様、見る人の状況、境遇、経験、感性に応じて千変万化する。だから蕪村は、一つの事象を丁寧に検証し、同じモチーフをさまざまな句に詠んで、全感覚で自由に味わえる美の波長を試みているのではないだろうか。

蕪村にとって不利なのは、その波長の発信源が漢詩だったり和歌だったりするので、絵画趣味、文人趣味、中国趣味などスノビッシュな形容詞が付けられていることである。また「画俳一致」や「季題中心」を実践したために、「自我」の色が弱い感じがするといわれることがある。

私の受け取り方は少し違っている。蕪村は自我から解放されて美の波長に集中できたからこそ、視覚に留まらない美を表現できたのではないか。子規ふうに、芭蕉が主観的で蕪村が客観的という説を取るならば、芭蕉はどうしても「奥の細道」を書き上げた旅の俳人という境遇を句に被《かぶ》せて読まされてしまう。小林一茶も同様で、「痩せ蛙負けるな一茶これにあり」などは、遺産相続争いという境遇なくしては理解できまい。

蕪村の句は違う。個性の点では弱いとしても、その分どの句も普遍的で、背景の漢詩を知らなくても、読者の知識や経験に応じて心象を入れ込むこともできる。生活臭を一切排除して、蕪村が詠じた桃源郷に遊ぶこともできる。客観的な美を追求しているだけに、無限の味わい方をもつ大らかな作品に仕上がっているのである。生い立ちさえも謎に包まれ、自らの境遇を押し売りすることなく、美の波長を放つ動画的作品のみによって勝負している蕪村の真っ直《まっす》ぐな姿勢がとても清清《すがすが》しい気がするのである。

それだけではない。日本美術史学者で蕪村の絵画や句について記している河野元昭氏は、蕪村には老荘思想の影響が濃いと指摘する。そこから、蕪村は宇宙的な感覚をもっていたと考えられる。

そのため、蕪村の句の向こうには、黙示録的なスケールの大きい大空間が広がっている。そこでは現実世界と同じように時間が経過し、音や香りが躍動している。蕪村が隠《いん》遁《とん》に憧れたことからその空間を桃源郷とみなす人もいるようだが、私は「真実空間」と表現したい。桃源郷は完全な理想郷だが、蕪村句には常に現世の真実が美しく詠み込まれており、現実逃避型の句ではないからだ。その世界には前述した牡丹の例に見られるように、沈黙も含めて必ず音がある。この「音の存在」によって、読者は蕪村句に流れる時間を共有し、その空間を蕪村とともに目視できるのである。

釣鐘にとまりて眠る胡蝶《こてふ》かな

中村草田男は、掲句についてこう書いている。
「一と度撞《つ》かれれば強大な音響を発する釣鐘であるという知識が、かえって現在の蝶の静止をいかにもひそやかなものに感ぜしめている（中略）何一つ音はなく、鐘も眠っていれば蝶も眠っているのである。」（『蕪村集』）
大音響を秘めた釣鐘が静かに下がっており、そこに蝶がひっそり止まっているという写生をスナップ写真のようにピンポイントで読めば、その通りである。釣鐘に音が秘められていることを指摘した草田男の分析は、ドキリとさせる鋭さである。だが、私から見ると、この句は「すべて眠っている」状態より、その次の瞬間を投影した動的な覚醒の句に思える。釣鐘は必ず撞かれて揺れるし、蝶は必ず飛んでいくからだ。この句の世界をひとつの「景」として自分の周囲においてみたとき、注目されるのは草田男がフォーカスした現在の沈黙よりも、次にくるであろう鐘の音と蝶の飛翔《ひしょう》との印象が、私には強い。釣鐘に限らず、楽器でも機械でも、音をもっているものが沈黙しているところに遭遇するとき、私たちは心のどこかで、すでにその物が未来に発する音を聞いているのではあるまいか。それは「心の真実」であり、その空間は「真実空間」である。私は「次の音」を想定することによって、掲句の「現在」に流れている沈黙の深さを感じ、沈黙そのものの音を聞く。深い沈黙に静められた瞬間には、人はその事実にすぐには気付かないのではないか。沈黙が「心の時間」として身体にまで上がってくるほど長ければ「沈黙の音」をそのまま聞くことができるだろう。しかし、どんなに深閑とした場所であっても、野外である限り必ずいつかは音がやってくる。掲句にある野外の沈黙は、限りなく深いが永遠ではないのだ。この沈黙の深さに心から気付くのは、むしろそれが破られたときではないかと思う。「次の音への予感」によって、一見静止画に見える蕪村の句は、彼独自の動性を内包し、黙示録的ダイナミズムを醸し出しているのではないだろうか。

止まっている生きた蝶に触れられることのまずない〝シーンレス〟としては、釣鐘に蝶という一種怪異的でさえある組み合わせを提示してくれた蕪村を、子規とともに絶賛したい。釣鐘が撞かれて蝶がびっくりすると、可哀《かわい》そうではあるのだが。

蕪村の黙示的感覚は、いったいどこからくるのだろう。その謎を解き明かしてくれたのが、高橋庄次氏の『月に泣く蕪村』である。氏は蕪村の句を連作詩として鑑賞し、乏しい記録を頼りに謎に包まれた生い立ちにも洞察を加える。暉峻氏が蕪村の発句を連句のまま紹介したのとは一味違った「連作詩」の解釈は、特に「秋惜しむ六句」のような怪異譚《かいいたん》物で謳歌《おうか》しているようである。最初は尻尾で戸を叩《たた》いていたタヌキが、さみしさのあまり最後は体当たりして戸を叩き、中にいる蕪村もタヌキと寂しさを分け合ったといった物語句では、豊かな叙情性が際立っている。

それを踏まえても、連作詩鑑賞にも増して私に衝撃を与えたのは、蕪村が僧侶として長い年月を過ごしたとの推察である。氏によれば、蕪村の生家は判然としないが、おそらく父親は毛馬《けま》村の村長で、何らかの理由で家が破産し、一家が離散したとみられている。明言は避けながらも、人の良い父親がだまされ、苦難に堪えかねた母が心を病んで自殺したのではないかと推察されていると受け取れる。史実の議論は控え、僧侶蕪村の心について考えてみたい。

蕪村は二十歳前後には江戸に出て、俳人夜半亭の門弟として発句をはじめていた。二十代には僧を名乗っていたのでかなり若くして出家したと、高橋氏は推測する。十代後半で家が破産したとき、絵ばかり描いていて家計に貢献しなかったこと、それを父がとがめなかったことへの罪悪感、亡母への思い、破産によって村人から放蕩《ほうとう》息子として白眼視された孤独感。そんなやるせない気持ちに苛《さいな》まれた蕪村は、画室に引きこもって一人創作に没頭し、旅から旅へ放浪する「孤独癖」があったという。宗門は浄土宗。詳しくはないが、激しい修行や密教的要素を多く要求せず、口称《くしょう》念仏を通した他力本願によって浄土に到達しようとする浄土宗には、蕪村が求めていたある種の「優しさ」があったのかもしれない。青春時代にいやというほど苦しみを舐《な》めた蕪村には、修行よりもお念仏による救いのほうがほしかったのだろう。

蕪村はなぜ出家したのか。最初は現世の苦しみから逃避したい気持ちもあったかもしれない。しかし、もし蕪村が高橋氏の言うように「懺悔《ざんげ》」のために出家したのだとしたら、蕪村のなかには単なる逃避思考だけでなく、世俗の云々《うんぬん》を超えて御仏の手に包まれたいという、ある種の宇宙観があったのではないか。個人的な逃避にとどまらず、普遍の世界を見つめた視線が、子規のいう客観美や、草田男のいう桃源郷として発句に表れたのではなかったか。

蕪村のこうした宇宙観を句の世界に重ね合わせると、たとえば牡丹が散って花弁がうち重なるといった、時間と、その時間を色付けする音を伴った世界を目視する感覚が浮かび上がってくる気がする。これは、蕪村が感じた仏の慈悲というよりは、信心を通して得た解脱の感覚であろう。芭蕉も山頭火《さんとうか》も放浪の俳人だったし、一茶も大いに辛酸を舐めた。けれど、蕪村は単に苦しみを舐めただけでなく、一家離散によって、村長の息子というアイデンティティが根こそぎ奪われるという試練を経験した。絵が好きで繊細な少年蕪村は、深い心の傷となったアイデンティティの崩壊経験から、あの客観美を現出する宇宙的解脱を得たのではないかと私は思うのである。

蕪村にとって真の救済は、僧侶から画家に至る歴史をすべて終えて還俗《げんぞく》し谷口姓から与謝姓に改名して幸せな家庭を築いた晩年にようやく訪れたのだろう。それまでの蕪村にとって、発句は絵に次いで二次的な美の表現方法にすぎなかったかもしれない。救済経験後、それも変わったのではあるまいか。還俗後も悲しみはあったけれど、蕪村は最後には発句に救われ、発句によって読者を「救いの黙示録」世界へといざなってくれたのである。

絵画的な蕪村の句を、音と時間によって描かれた言葉の動画、また音のある黙示録として読むとき、私には歌うように念仏を唱える蕪村の声が聞こえるようである。

「博士の愛した数式」存在肯定に基づく真の心の開放

「僕の能力は、世間の人たちには何の役にも立たないんだ。誰も僕の特技を求めてなどいやしない。ただ一人、ルートにほめてもらえれば、僕はそれだけで満足なんだ」

（「博士の愛した数式」）

交通事故で記憶が八十分しか持続しなくなった天才数学者の「博士《はかせ》」。英国のケンブリッジ大学に留学し、アルティン予想の研究に心血を注ぎ、記憶障害を負っても数学の能力は健在。けれど、過去の記憶は一九七五年で終わっている。

そんな博士のもとに、一人の若い家政婦がやってきた。彼女は十歳の息子をもつシングルマザー。この作品は、家政婦が、家事のプロとしての誇りと母の優しい愛情を併せ持った視点で、博士と息子のルート、そして自分の三人で築いた透明な友情を語っていく物語である。

この作品は、純粋無垢の世界を粛々と描くことで、「心を開く」という真のテーマを提示している。注目されるのは、家政婦と息子が一方的に博士を受け入れているだけではなく、博士もまた、限られたコミュニケーション能力のなかで精いっぱい二人に心を開き、自己を省みない無償の愛で包み込もうとしている点だ。

博士は、瀬戸内海沿いのある所で義姉の家の離れに住まい、義姉が雇った家政婦から身辺の世話を受けている。だが記憶が八十分きっかりしか続かないことからトラブルが続出し、これまでに九人も人が代えられている。面接に行ってみると、義姉は大変冷たい印象で、必要な注意を与えることさえ面倒がっているようである。

「細かい取り決めは組合に提出している契約書にあるとおりです。とにかく義弟に、誰もがやっている、ごく当たり前の日常生活を送らせてやれる方ならば、私には何の不足もございません」

（中略）

「離れと母屋を行き来はしないで下さい。（中略）義弟が起こしたトラブルは離れの中で解決して下さい。よろしいですね。それだけは守っていただきます」

みすぼらしい離れで彼女を迎えたのは、みすぼらしい老人だった。背広のいたるところにクリップでメモを留め、動くたびにサワサワと奇妙な音を立てた。博士が最初に口にしたのは、挨拶ではなかった。


「君の靴のサイズはいくつかね」

（中略）

「24です」

「ほお、実に潔い数字だ。4の階乗だ」

博士は腕組みをし、目を閉じた。しばらく沈黙が続いた。

「カイジョウとは何でしょうか」

（中略）

「1から4までの自然数を全部掛け合わせると24になる」


邸宅の離れは、悲しいほど静まりかえっている。目の前にいる老人の心がどこにあるのかは、想像さえつかない。唯一の救いは、彼が対話の糸口を摑《つか》もうと自分から話しかけていることである。しかしこの唯一の救いこそが、全編を貫くテーマである「心の開放」につながる大切な糸口なのである。

訪問初日、彼女は家政婦として雇い主の期待に応えようと返答を試みる。すると博士は、彼女の電話番号を尋ねる。

「5761455だって？　素晴らしいじゃないか。1億までの間に存在する素数の個数に等しいとは」

よほど数学の好きな人でない限り、いきなりこんなことを言われたら戸惑うばかりに違いない。素数とは「1とそれ自身でしか割りきれない自然数」と昔習ったなあとぼんやり思い出すことはできても、1から1億までに存在する素数というものにもろ手を上げて一緒に感動できる人は、そうはあるまい。だが彼女は、持ち前の素直さと優しさによって、博士の数学談義に引き込まれていく。記憶の糸口をたどれない博士にとって、人と会話する唯一の手段が「数学談義」であることを覚《さと》るや、すぐさまそれを博士の言語として受け入れようと決めるのだ。

少し通うと、会話に混乱すると、数字を持ち出すのが博士のやり方と分かってくる。人と交流するために博士が編み出した対話法だった。数字は相手と握手をするために差し出す右手であり、自分の身を保護するオーバーでもあった。

博士がよく話題にする素数や、約数の和がその数自身になる完全数、約数の和がお互いの数になる友愛数などは、数学の世界では古代ギリシア時代に発見された基礎的な知識で、初歩のクイズのようなレベルの話である。だが、「数学は教科書を見ただけで寒気がするくらい嫌いだった」うえに高校を中退した彼女にとって、こんなことは途方もない世界の話に思えたことだろう。それなのに、博士と「何の心配もなく」話せる話題は数学だけなので、会話は自然と数学のことに終始する。

$$220 : 1+2+4+5+10+11+20+22+44+55+110=284$$

$$220=142+71+4+2+1 : 284$$

「正解だ。見てご覧、この素晴らしい一続きの数字の連なりを。２２０の約数の和は２８４。２８４の約数の和は２２０。友愛数だ。滅多に存在しない組合せだよ」

普通ならこの辺りで音を上げてしまいそうなものだが、その数学が、博士の手にかかると不思議に面白くなる。

私も数学が苦手だったので、家政婦さんの気持ちは痛いほど分かる。ただ、定理を理解したり公式をおぼえたりするのは好きだった。特に、素数の輝きは魅力的だった。

素数とは「１と自分自身以外では割り切れない自然数」である。ゼロや虚数、負の数、無理数も含む実数の存在を習うと、私は自然数というものの明るいイメージに魅《ひ》かれ、さらに素数に注意を引かれるようになった。著者、小川洋子氏も書いている。

素数について語る博士の態度のひたむきさに引きずり込まれてゆくうち、少しずつ私たちの間に連帯感のようなものが生まれてきた。素数が手触りを持ったイメージとして、心の中にぽっかり浮かび上がってくるようになった。

私には、明るいイメージの自然数のなかでも、素数は特別に何物をも寄せつけない貴金属のような気高さをもっているように思えた。その「きれいな数字」を扱う素因数分解も好きだった。並み居る数字を整然と括弧内に収めると、棚一つ整理したような爽快感が生まれた。クラスでごちゃごちゃが進行中でも、淡い恋に悩んでいても、叱られて落ち込んでいても、数式に向かっていると心が空っぽになった。素因数分解ができると、なんだかすべての問題が解決したような気がした。ピアノの曲の中で不協和音が解決する感じに似ていた。公式の解を見つけたときも、和音の解決に似た安堵《あんど》感《かん》があった。

小川氏は素数のイメージを手触りで表現しているが、私は、数字は色でイメージされる。四歳で色とさよならしているので、生活の中の色は、記憶と経験と想像で組み立てられるバーチャルなものだ。ところが、自然数だけはすべて色で見えている。１は青、

2は薄い赤、3はピンクに近い赤、4は白または淡い青、5は緑がかった青、6は無色または緑、7は鮮やかな青、8は黄色、9は軽い赤、そしてゼロは蒼である。

小数点になると、すべて無色になり、小数点以下の数字も色を失う。

数学記号の、xは8より薄い黄色、yは4と同じような白、nは3に近い赤である。πは5よりは青いが緑に近い青、虚数のiは、淡い淡い赤である。この現象は「共感覚」と呼ばれ、一つのものに対して違った感覚が同時に働くことらしい。現れ方はさまざまで、音楽を聞くと音が色分けされて見える例は世界中に見られる。色が分かる年齢で〝シーンレス〟になった人たちが、色を一種の温度で記憶していることも国際的に知られている。私もその一人で、これも共感覚と言えると思う。

もしこの感覚で数式が虹のような色彩で見えたら、私は虹色の数式から名解答を引き出す神秘のカラー・マスマティシャンになれたかもしれない。

残念ながらそうはならなかったが、数式を解いていると、ときおり自分が難問を解かなければならない状況にあることを忘れ、数字のイメージを映像のように脳裏に再現して遊んでしまうことがあった。理数系クラスの授業まで取って数学を勉強したわりに、結局ほとんど進展しないまま卒業してしまったが、一つの問題に何時間も向き合っていられた時間は、いまでは宝物である。あの時間に垣間見た数字の世界は、ある種、神の世界だった。小川氏も「神様の手帳」という言葉を使っている。数字が織り成す宇宙は、直感と理論が合唱し、まるでルネサンス時代のポリフォニー（多声音楽）のように均整がとれた静穏な世界であった。
　少しでもその静穏を垣間見る経験ができたことから、私は小川氏が盛んに表現している「静穏」を聴き取った気がする。シューッとかホオーッとかいう優しい持続音のように聞こえる音だ。薄い響きがあるが、1／fの揺らぎもあり、いつまで聞いていても心地よい。

　この物語が動き出すのは、ルートが登場してからである。「新しい家政婦さん」が小さな息子を一人家において自分の夕飯をこしらえていると知った博士は、明日から彼をここにつれてくるようにと固く言いつける。まだ見ぬ少年への愛情は、誰も予想できなかったほど一途《いちず》である。

「すぐに帰りなさい。母親なら、自分の子供のために食事を作ってやるべきだ。（中略）いいかね。明日からは、息子をここへ連れて来るんだ。学校から直接、ここへ来るようにすればいい。ここで宿題をすれば、ずっと母親のそばに居られるじゃないか。明日になったらどうせ忘れてしまうと、高を括っているんじゃないだろうね。見くびってもらっちゃ困る。僕は忘れないよ。約束を破ったら、承知しないぞ」

博士は袖口に留まっている《新しい家政婦さん》のメモを外し、内ポケットの鉛筆で、似顔絵の後ろにこう書き加えた。《と、その息子10歳》。

博士は、√記号よろしく頭の平らな少年にルートとあだ名を付け、八十分単位の記憶のなかで友情を深めていく。二人してラジオから聞こえてくる阪神タイガース戦に熱中し、宿題の回文や算数の問題を語り合い、博士にとって永遠のエースである江夏豊の防御率や阪神の選手の打率を計算する。

博士と親子は相変わらず毎日初対面に戻ってしまうのに、彼らの友情は日に日に強まっていく。親子は博士を傷つけないよう、江夏がトレードされたことにも、引退したことにも触れず、未《いま》だに現役であるとの前提で話す。こうして飽きることなく、終日数学の話に付き合っている。一見、博士を全面的に受け入れているかのように見える。無論それは真実だろう。この「受け入れ」は、愛と平和を説きながら異国の地で命を落としたフランス人ガストン・ボナパルトを描いた遠藤周作の「おバカさん」や、自閉症の兄と不思議な兄弟愛を築く弟の心を描いた映画「レインマン」を髣髴《ほうふつ》とさせる。どちらも、コミュニケーションに重いハンディキャップを負った主人公に深く関わった特定の人物が、主人公と得がたい友情を結んでいく物語だ。

三重苦を克服したヘレン・ケラーについても、彼女の偉業は指導にあたったサリバン先生なくしてはあり得なかった。事実サリバン先生は、ヘレンの存在と生き方を全面的に受け入れた。ヘレンの功績は、この受け入れによって実現したともいえよう。

しかし、私は助けを受けている側にも立ちたい。博士もガストンもレインマンも、受け入れてくれた人に全幅の信頼をおいて歩んだことだろうが、同時に、彼ら自身も理解者の存在を受け入れ、特殊なやり方でこそあれいっぱいに心を開いたのではあるまいか。どちらが先かといえば、もちろんハンディのない理解者のほうが早く受け入れたに違いないとしても、被援助者がそれを理解し、その人を信頼した時点から、助けられる側の受け入れも始まるのである。その受け入れとは、単に相手の「思い通り」にすることではなく、心を開いて相手と向き合うことなのである。

援助者にとってはイエスマンになってあげることではなく、相手が必要としていることを判断し、それを正確に伝え、ともに行動に移せる信頼関係を築くことである。そのためには、甘ったるい愛情や一方的な同情だけでは不充分である。お互いの間にどんな違いがあろうとも、あるところではその違いを忘れてまったく同じ目線で互いに胸襟を開く決意と共通項がなければならないのである。

博士の場合、完全数や友愛数のような初歩的な話であっても、家政婦親子と真剣に語り合うことによって、あるいはルートの宿題を手伝い、数学どころか「算数」の問題にたっぷり時間をかけることによって、親子に心を開いていった。けっして「下りてあげている」のではなく、一人の人格として与えられるものを与え、それによって親子と対話しているのである。

懸賞問題の考察が佳境に入っている時でさえ、ルートのためにはいつでも無制限の時間が用意されていた。（中略）ただ単に正確な答えを示すだけでなく、質問した相手に誇りを与えることができた。（中略）

彼はルートを素数と同じように扱った。素数がすべての自然数を成り立たせる素《もと》になっているように、子供を自分たち大人にとって必要不可欠な原子と考えた。

これが博士にとっての「受け入れ」であり、「心の開放」なのである。

だが小川氏は、このように博士の日々が楽しくなっても、奇跡的に博士の記憶障害が治るといった小細工はしない。その障害はあくまでも冷酷に博士の時を刻んでいる。けれども、ルートは博士に心を全開し、博士の思いをすべて「漏らさず感じ取っていた」。「当然な顔で受け流したり、気付けないままにやり過ごしたりせず、自分が博士から与えられているのは、尊くありがたいものだと分かっていた」。博士は間違いなく、そんなルートの気持ちを察知していたことだろう。家政婦親子の存在を受け入れ、分けてもルートの信頼を確信した後、博士には明らかに次なる変化が表れてくる。

彼はもう喋らなかった。レモンを花形に切っただけで息を飲み、お酢と油が混ざり合って乳白色に変色すると身を乗り出し、湯気の上がる卵焼きをカウンターに並べると、ため息を漏らした。

（中略）

「どこが面白いんでしょう。ただの、料理ですよ」

「君が料理を作っている姿が好きなんだ」

博士の記憶に残っている義姉はといえば、彼の記憶障害が受け入れられずに心の葛藤を続けている。ゆえに博士への愛情が深いにもかかわらず、表面的には冷たく当たる結果になってしまう。博士もそれを充分理解していたことだろう。そこへ突然現れた新しい家政婦さん。数字の美しさに素直に感動し、彼女とともに現れたルートも、母親と同じ透明な素直さと、人を信じる力をもっている。「ぼくのような人間にも信頼を寄せてくれる」と、博士は喜んだに違いない。彼はこの悦《よろこ》びからやがて淡い恋とも母なる存在への慕情ともつかない思いを心に抱き、優しい家政婦さんに「君が料理を作っている姿が好きなんだ」と思わず打ち明けてしまったのかもしれない。

記憶が続かなくとも、数学以外のことでは会話ができなくとも、博士の心はこのうえなく健全で澄んでいた。そしてついに、自分の領域から一歩踏み出し、家政婦さんの領域である料理の世界の入り口に佇み、それまでおそらく一度も興味を示さなかった料理の面白さに正直に好奇心を表すことさえできたのである。

丁寧に野菜を刻み、肉に筋目を入れ、卵を次々と割る音が、静かな厨房《ちゅうぼう》に響く。肉が焼ける美味《おい》しそうな音と香りが立ち込める。博士にも食欲が湧いたかもしれない。食欲などという直接的な感覚は、博士にとって久しぶりだったのではないか。数学の問題に取り組んで記憶障害の現実から逃れ、どうにか居場所を見つけている博士は、食欲のように現在をまざまざと思い出させる欲求など忘れてしまっていただろうから。

その博士が、料理の不思議を楽しみ、雷雨のなかキャンプに出たルートを心配する家政婦さんを慰め、ルートの十一歳の誕生日を心から祝ってくれるまでになったのである。私は家政婦親子の優しさに感動すると同時に、これだけの葛藤を強いられながらここまで心を開いた博士の努力にも感服せずにはいられない。

心が閉ざされて出口を失っているのは、むしろ義姉のほうである。彼女は博士と同じ事故による怪我《けが》で足に後遺症を負いながらも一応は健常者として生活し、博士の「面倒をみる」側に回っている。だがその実、家政婦さんを次々に馘《くび》にし、博士と対話せず、社会と関わって人生を楽しむこともしていないように見える。もちろん、それは彼女の望みではない。ルートたちのように博士と仲良くし、楽しく日々を過ごしたいのだ。にもかかわらず、博士の障害が受け入れられないばかりか、博士への深い愛情ゆえに、心はどんどん閉ざされ、冷たい振舞いを重ねることしかできなくなってしまったのである。義姉は見かけは健常者然としていても、実際には博士より深刻な心の闇を抱え、それを克服するために心を開く意思さえもてなかったのではなかったか。障害を含む存在肯定については、家族や親戚は本人に近すぎてうまくいかないことがある。義姉の場合はその典型だったように思えるのである。

心の開放に伴って、博士と家政婦親子の間には、「自己を含めた存在の肯定」が生まれる。

博士は自分の記憶については一切語らないが、ルートを自宅に通わせると決めたとき、初めて自己の障害にはっきり言及し、約束を忘れたりはしないと宣言する。ここで博士は、自分の記憶の問題についても臆せず話せるようになっている。これはほかならぬ、自己存在の肯定ではなかろうか。

自己存在が肯定できるようになるまでの過程には、私にも似た経験がある。子供のころ、両親は私に新しい友達ができると「この子をよろしく」とまるで保育士に幼児を託すような挨拶をしていた。実際には、わが子をよろしくと頼む親心は障害の有無に関係なく普通のことであり、どの親もそうした言葉は発している。後年には私も、母の言葉がごく普通の愛情表現だったと理解できるようになった。ただ、親も子も〃シーンレス〟という運命に立ち向かっていた当時、私はそういう言葉をたびたび聞くうち、いつしか、自分などはとるに足りない障害者であり、友情は同情の結果なのではないかと、ひしゃげた思いに苛まれていた。そのために、必要以上に自己防衛したり、自分に厳しい分だけ人にも厳しい言葉を返したりした時期があった。

ところがあるとき、友人からのメールに「あなたにはノーブレス・オブリージュ（高められた者の使命）があると思う。だからもっと自信をもちなさい」と書いてあるのを読んで、それまで私を締めつけていた「私ごときが」という思いがベリベリと剝がれていった。そして、まるでキリストに触れられて病気が治った人のような心持ちになった。ノーブレス・オブリージュなどという大それたものかどうかは知らないが、そのとき、「私はこんなに小さなものだけど、存在価値は誰に劣るものでもないはずだ」と確信できたのであった。その瞬間から、私の心は晴れた日の大河の流れのように穏やかになり、自身の存在も、ほかのすべての人の存在も、限りなく貴重なものなのだと実感できた。ちょうど、小鳥と出会ったとき、私にも「生きる許可」が与えられているのだと気付いたように深い衝撃を受け、心にビッグバンが起きたのだった。

博士も、自己肯定を心から支えてくれる友達に恵まれた。それが、家政婦親子である。母親が博士の家政婦をはずされた後でルートが博士に会いにいったとき、母親を呼びつけて財産目当てで子供をよこしたのかと問い詰める義姉に、彼女は毅然《きぜん》と言い返す。

「友だちだからじゃありませんか」

（中略）

「義弟に友人などおりません。一度だって友人が訪ねてきた例《ため》しなどないんです」

「ならば、私とルートが最初の友だちです」

このとき、博士は「子供をいじめてはいかん」と口走り、〈$e^{\pi i}+1=0$〉というオイラーの公式、即ち「博士の愛した数式」を書いた紙片をおいて退室する。これを機に、事態は急転直下の逆転を見せ、物語はハッピーエンドへと向かう。博士と義姉の心にも、ようやくビッグバンが訪れたのである。

オイラーの公式は、完全数や友愛数のような概念的なものと違い、これを使って電子工学など自然科学の課題を解くことのできる、実証数学の分野の公式である。博士は、浮世離れした数学美に逃避して記憶障害を忘れようとしていたかに見えて、本当はこのオイラーの公式のような実体のある心をもっていた。だからこそ、ここまで心を開くことができたのだろう。その実体ある心が、オイラーの公式によって初めて吐露されたのである。

そんなことを考えながら、私は博士と親子の時間を公式にしてみた。

〈n（$\sqrt{3}$＋80）＝∞〉

ルートを中心にした三人が、八十分という単位で、限りない時間nを積み重ね、無限大の可能性を開いていった。数式というより、判じ物である。数学の定義からいうとこんな翻訳は無茶であろう。でも、がんばった博士と親子の美しい心への称賛を込めて、そこに流れた宝石のような時間を数学語で描いてみたかったのである。

どんな困難があろうと、心を開くことはすべての試練に対する解決策のカギになるのかもしれない。この作品は、そういう希望を与えてくれる「開放の公式」として読めると思う。

「星の王子さま」「探す」こと「見る」ことの真理

砂丘の上に腰を下ろす。何も見えない。何も聞こえない。しかし何かが輝き、何かが沈黙の中で歌っている。

「砂漠が美しいのは、どこかに井戸を隠しもっているからだよ……」と王子さまがいった。

（「星の王子さま」倉橋由美子訳）

郵便飛行機の操縦士を務めながら飛行文学というジャンルを切り開いたフランスのアントワーヌ・ド・サン＝テグジュペリの名作「星の王子さま」の中で、私が一番好きな個所のひとつである。砂漠の只中《ただなか》にたった一人で不時着するという災難に直面し、生死の危機にさらされているまさにそのとき、語り手の操縦士は明け方に突然子供の声で目覚める。

「ねえ……羊の絵を描いて……」

自分からは質問するのにこちらの問いかけにはけっして答えてくれない謎の男の子、それが他の星からきた「王子さま」なのだと分かるまでに、操縦士は頭をフル回転させたことだろう。王子がなぜ羊を所望したか、これまでどんな経験をしてきたか、その秘密は、二人の会話と操縦士の回想の二重仕立てで物語が進行するとともに明かされていく。昼は灼熱《しゃくねつ》、夜は冷え冷えと広がる無音の砂世界。そこに、二人の静かな声が生まれ、一瞬で砂に吸い込まれていく。残されているのは八日分の飲料水と壊れた飛行機だけ。二人が砂を見詰めている間にも、限られた時間が刻々と費やされていく。それでも砂漠は美しい。それは王子が言うように、隠された井戸があるからでもあり、また人間の営みと関係なく、風紋を刻み、悠久の時間を刻んでいるからでもあるだろう。この件は、砂漠に暮らさなかった人間が砂漠に身をおいたときにしか感じられない新鮮な表現ではないかと思う。サン＝テグジュペリは、実際にリビアの砂漠で機関士とともに遭難し、ベドウィンに助けられている。「星の王子さま」にはその経験が生かされていると言われるが、ことこの個所については、彼自身の素顔の言葉として聞こえてくる。事実、砂漠には水が隠されてもいる。この話は、都会の片隅でも長閑《のどか》な農村地帯でもなく、いつでも簡単に命を落とす可能性のある砂漠が舞台となっている。この非現実性がかえって二人の会話に真実味をもたせ、物語に説得力を与えているように思える。

多くの人が、この作品の分析を試み、さまざまな分野でこの作品が果たしている役割を見つめようとしている。

池澤夏樹氏は、この本を何度読んでも「読み終わった気がしない」と書いており、難解な作品に首を傾《かし》げる読者の素朴な感覚からアプローチしている。倉橋由美子氏は、この話は死に直面した操縦士の幻想なので王子は最後には「処分」されなければならなかったと解釈した経緯を記し、心理的な分析を加えている。

安冨歩氏は、『誰が星の王子さまを殺したのか——モラル・ハラスメントの罠《わな》』で、王子はバラによるモラルハラスメントとキツネによるセカンドハラスメントに追い詰められて自殺したと解釈している。

私は、この物語を王子と操縦士に起こった心の真実の記録として読んでみたい。私自身、大学一年の夏にこの物語を通して二人の心の機微と向き合えたことで、人間が生きること、存在すること、絆《きずな》を結ぶことを整理できたからである。この経験により、探すとは、見るとはどういうことなのかを感じ、象徴文学の読み方の入り口に到達することもできたのである。

上智大学のフランス文学科に進学した私は、学部の合宿でこの作品を原語で読み、先生がシナリオに書き直されたものを演劇として演じた。私の役は、冒頭で羊の絵を所望する王子さまだった。

「デシネモア・アン・ムートン」(Dessiner moi un mouton.)

短い王子のせりふは、発音するのは簡単だったが、表情を入れて話すのは難しかった。これは「羊の絵を描いて」という意味なのだが、呼びかけるとき、最初だけは“vouvoyer”といわれる丁寧語なのだ。あるいは、相手と自分の距離が示されない、動詞の原型を使った命令形とも読める。製品のインストラクションなどでよく用いられる客観表現だ。どちらで読んでも、王子が発語しているという状況を考えると、「描いて」という子供言葉よりも、「描いてくれたまえ」のような、気高い言葉が適切ではないかと思われる。二言目から“tutoyer”の普通の調子に戻り、その後は子供特有の「あれ、それ」といった指示語が頻出する会話調子になる。多くの翻訳ではこの違いが表現されず、最初からタメ口のように書いてある。私は演劇として暗誦するという事態に直面し、初めてこの違いの重大さに気づかされた。王子は子供だが、敬語を使うだけの品格を備えた「王子」である。ただし、その一途さ、純粋さは大人に簡単に真似できるものではなく、王子の心には「子供の聖域」が厳然と存在している。王子は幼くして大人の不条理をありのままに受け入れながら、幼子の心を失わないしなやかさを持っている。その彼が発する宝石のような一言一言をどうやって表現すればよいのだろうか。

王子は、自分の惑星に根付いた花(バラ)との小さないさかいが元で旅立ち、地球にやってきた。だが一年を経て絆の作り方を学び、再び星に帰って花との関係をやり直そうと決心する。

そのためには羊が要る。恐ろしいバオバブが繁茂して小さな星を壊してしまわないよう、幼樹のうちに食べてもらいたいのだ。だから羊は、元気で強く、長生きしてくれなければならない。一方、惑星には、王子と喧嘩《けんか》しながらもお互いを「飼い慣らした」ために絆で結ばれた「世界に一つしかないぼくの花」があり、羊がそれを食べては困る。それでも、王子には羊が要り用なのである。

ここで重要なのは、王子がどんな羊を必要としていたかよりも、なぜ羊が必要だったかではないだろうか。王子は自分のために羊が「ほしかった」のではなく、「自分以外の存在」である星と花のために「必要」だった。自分のために花と話し、旅をし、研鑽《けんさん》を積んできた王子が、自分以外の存在のために、真剣に羊を必要としはじめた。そして、「帰星」を間近に控え、どうしても誰かにいま「運べる羊」を作ってもらわねばならなくなった。事態は切迫していた。そこに現れたのが飛行機のどこかが故障して人里から千マイルも離れた砂漠のど真ん中に不時着した操縦士の「私」であった。「デシネモア・アン・ムートン」の一言に、私はこうした背後をすべて込め、王子がどんなに必死で羊を用意しようとしていたかを表現しなければならなかったわけだ。

合宿二泊目の夜、私たちは「世界に一つだけということ」について、フランス語でディスカッションをした。当時、上智大学の仏文科では、文学部であっても、外国語学部フランス語学科と同様に密度の濃いフランス語の授業があった。入学して一週間経たないうちに始まった最初の授業から、フランス人の先生は、どなたも日本語を話されなかった。身振りを見せたりスライドの画面を指示棒で指し示したりして少しずつ意図を伝えていく。その動作が見えない私には、さっぱり分からない。やはり無理だったかと本気で悩んだものだ。けれど、習うより慣れろとはよく言ったもので、夏休みには簡単なディスカッションができるレベルになっていた。合宿の間、先生との会話はすべてフランス語である。私たちの語彙《ごい》は時間を追うごとに増え、競ってフランス語を話す雰囲気が生まれていた。

ディスカッションの前、私は部屋で仲間たちとくつろぎながらレポート用紙でユリの花を折った。

「それ、先生にあげたら？」

言われて廊下に出ると、ちょうど大好きな教授と行き合ったのでお渡ししてみた。

“Voila un petit cadeau, professeur.”（先生、粗品をお持ちしてみました）

教授はフランスの名門貴族の生まれで、日本に帰化された方だった。私の唐突な「粗品」を受け取ると「メルシ」と綺麗な発音でおっしゃった。こんな小さなことでさえ、私たちは一言でも多く先生方とお話ししたかったのだった。

「（前略）飼い慣らす、ってどういう意味？」

「みんなが忘れていることだけど」とキツネは言った、「それは、絆を作る、ってことさ……」

「絆を作る、って？」

「いいかい、きみはまだおれにとっては10万人のよく似た少年たちのうちの一人でしかない。きみがいなくたって別にかまわない。（中略）でも、きみがおれを飼い慣らしたら、おれときみは互いになくてはならない仲になる。きみはおれにとって世界でたった一人の人になるんだ」

（池澤夏樹訳）

ディスカッションの始めに、先生は私が差し上げた「粗品」のユリをテーブルの上においた。

“Voila une fleur unique au monde.”（ここに、世界で一つしかない花があります）

こうして、世界に一つしか存在しないとはどういうことかについて、話し合いが始まった。このテーマの背後には、飼い慣らすとは何か、友達とは何か、日常とは、仕事とは、責任とは何かという問題がある。そして究極の前提として「自分以外の存在との絆」があるのだった。

「自分以外の者との絆ができれば相手が特別な存在になる。だから世界に一つです」

「生きている者だけでなく、文化財のように歴史的な価値があるものも世界に一つと言えます」

「でもそれがぼくと何の関係もなかったら、遺跡だろうと本だろうと特別とは言えません」

「じゃあ特別じゃなければ価値はないですか」

「そのものの価値じゃなくて、ぼくにとって世界に一つしかないということが問題なんだ」

「はい、唯一というものについて、二つの価値観が出てきました。希少価値としての唯一、それから個人にとってかけがえのない存在としての唯一。王子さまは、どちらのことを話していますか」

先生が導く。

「王子さまは友達を探しているのですから、お互いにかけがえのない存在という意味だと思います」

「じゃあ王子さまは、希少価値がある唯一のものでも、飼い慣らしてなければ粗末にしてもいいと思っていますか」

白熱した議論の中で、私はふと考えた。希少価値という価値観自体、大人の思考ではないのか。王子にとって大切なのは、希少なものではなく絆によって結ばれた相手の存在ではあるまいか。たしかに、希少価値のあるものは守る必要がある。人道の観点から言えば、たとえ「飼い慣らした」友達でなくても助けの手を差し伸べる必要もある。だが王子が伝えようとしているのはそういう一般論ではなく、生きるうえで私たちが果たすべき責任の存在なのではなかろうか。

それは、私たちが「飼い慣らす」と決めた時点で、私たちの裁量によって発生し、私たちの責任によって発展する。だからその絆は、世界にたったひとつであり、無関係だったころの「無」から関係ができた後の「有」への変化でなければならない。

飼い慣らすって何？ と問う王子にキツネが答える言葉は、“créer des liens”である。多くは「絆を作る」と訳しているが、日本語の「作る」に最も近いフランス語の動詞は“créer”よりも“faire”ではないか。原語通りに読めば、絆はすでにあるものを組み合わせて「作り上げる」のではなく、何もないところから「クリエート」（創造）する。絆は作り出し、存在させるものということになる。もしこれが“faire des liens”なら「絆を作る」で自然な訳となるだろう。“créer”という動詞を作者がわざわざ選んでいる意図を読者にも伝えるためには、「絆を作り出す」と原文のまま訳してしまうほうがよいようにも思える。喧嘩をしても別れを悲しむことになっても、自分の決断で作り出した絆には不変の価値と永遠の責任が伴う。唯一とは、そういう意味ではあるまいか。

もう一つ大切なのは、飼い慣らすのが自分だけではなく、飼い慣らされた相手も自分を飼い慣らしているという考え方である。倉橋氏は、飼い慣らすという動詞の“apprivoiser”を「仲良しになる」と訳している。けだし名訳である。農耕民族の日本人にはぴったりくる表現だろう。ただ、人間の実存を象徴するこの作品のニュアンスという視点からは、やや日本人向きに解釈した言葉のように思える。なぜなら、この作品は狩猟民族の人間の文章だからだ。池澤氏がいうように、これは「自然への積極的な姿勢」であり、けっしてあまい関係ではない。馬なら力ずくで乗りこなすし、鳥や犬なら飴と鞭でなつかせる。シャンソン「オー　シャンゼリゼ」のなかでも、軟派をかける男性が女性に対して「君を“apprivoiser”する」と歌っている。安富氏も、飼い慣らすとは一方向の行為であり、お互いが対等な関係にはないと指摘する。彼らにとって、飼い慣らすとは大地を耕すように「こちらから関わる」ことなのである。ただし私は、モラルハラスメントの視点では「飼い慣らす」のは一方向の行為であっても、現実の二者関係においては、関わりを受けた側も、ひたすら受動的に従属するのではない面があると思う。王子とバラは共依存の関係とも読めるが、両者が互いに必要とし合っていたという事実だけから考えれば、バラと王子は対等な存在ともいえまいか。

小鳥を飼ったとき、私たち家族は彼らをかわいがった。彼らは私たちの世話なしでは生きられなかったので、飼い慣らす側と飼い慣らされる側の関係だった。だが、彼らは私たちに「従属」はしなかった。外に出たい、水がほしいと、ためらわずに意思を伝えてきたし、仲良く飼われてくれていたけれど、機会を得た鳥たちは籠を抜けて大空に旅立っていった。その意味では彼らを「飼い慣らす」ことはできなかった。だが、心は通っていた。かわいがられる側とかわいがる側が共依存にならないかぎり、両者の存在には優劣がない。実存とはこのように、たとえ食うか食われるかというような緊張関係にあっても、仲良くなり、相手のために命を投げ出せるほど強い絆が生まれる、不可思議な世界なのである。

この「実存」を尊重した考え方が読み取れる件が、もう一ヶ所ある。王子が王様の星を訪ねたときの問答だ。

「余が将軍に向かって蝶のように花から花へと飛べとか、悲劇を書けとか、カモメに変身せよとか命令したとする。将軍がそれを実行しなかったら、将軍と余とどっちが間違っていると思うかね」

「それは陛下でしょう」と王子さまはきっぱりといった。

「そのとおりだ。人にはその人にできることをしてもらわなければならん。権力とは何よりも道理にもとづくものだ。(中略) 余の命令は理にかなっているのだから、余は服従を命じることができるわけだ」

(倉橋由美子訳)

日本的感覚なら権力者に対して「あなたが間違っている」などとは答えないだろう。しかし、王子ははっきりと誰が間違っているかを言いきる。それができるのは、王であれ子供であれ、存在において優劣がないからである。

それにしても、何と難解な思考であろう。私はこの作品を小学二年生のとき初めて寝しなに父から読み聞かされたが、日本の大人にしてもこの深い哲学がどれだけ伝わっているだろうか。私がこの作品について質問しても、誰からも納得のいく答えはもらえなかった。たとえば、絆を作るってどういうことかと聞いても、親子でいればすでに絆はあるとか、遠く離れていても心がつながっていることだとか言われ、結局は「みんなと仲良く笑顔で暮らしなさい」といった教訓で終わってしまっていた。

これに対して王子は、絆は苦労を押してでも築く価値があると、身をもって伝えようとしているのである。絆を生み出し、対立や自己矛盾を克服するという苦労を経てそれを育てる経験ができたことは、たとえいま飲料水が底を突いて絶体絶命の状況にあっても、「よかった」と思えるほどに貴重なことなのである。飲酒した恥を忘れるためにまた飲む酒のみも、星を所有して銀行に預けるためにひたすら勘定しているビジネスマンも、王子は好きになれなかった。それは彼らが絆をもとうとしないから、絆を見つけるために「探す」ことを止めてしまったからではあるまいか。反対に、一分毎《ごと》に街灯を点《つ》けたり消したりしている点灯係に対して、唯一この人となら友達になってもいいと考えたのは、この人が「自分以外のもの」である、灯《あか》りを必要としている人たちの世話に追われていたからだった。そうして絆の大切さ、探すことの大切さを学んだ王子は、それを操縦士に伝えようとする。羊を描いてもらうことで絆のきっかけを作り、二人で夜の砂漠に井戸を探しに出ていったのである。

私には、この作品の真理はここにあるように思えた。これをしっかり消化していない大人が、名作と言われているからと子供にこの作品をあてがったとしても、受け入れられるはずはない。子供に名作を勧めるときには、読ませる大人にも責任が伴うのである。

「心で見ないと、ものごとはよく見えない。肝心なことは、目に見えない。これがきみに贈るぼくの秘密だよ」

「肝心なことは、目に見えない」と王子さまはよく覚えておくために、繰り返しました。

（小島俊明《としはる》訳）

合宿の最後に、先生が私に暗誦させた箇所がある。それは、あの有名な「大切なことは目に見えない」というフレーズだった。

「あなたは心の目で見ています。だから目の見える人たちよりも多く、大切なものを見る力が与えられています。お友達に、あなたの見たものを伝えてあげてください」

よく、〝シーンレス〟は心の目で見ればよいと慰められることがある。小さいころ、近所の悪童たちにからかわれて泣きながら帰ってきたとき、母も私にそう言った。

「あなたは目では見えないけれど、心の目は見えているのよ。だから心の目はしっかり開いていなさいね」

その後も、多くの人から同じことを言われるたびに、当事者でもないのに無責任な慰めを言わないでほしいと反発したものだ。

だがこの合宿のときは、そうは思わなかった。先生方がどこまでも深く作品を掘り下げようと、「心の目」を使って見せてくださったからだと思う。

ところで、「大切なもの」とは何なのだろう。これを解読するには、少し翻訳のことに触れなければならない。

「大切なこと」の原語としては、二つの単語が使われている。キツネが最初にこの話をしたときには〝L'essentiel est invisible pour les yeux〟という。後の記述では〝le plus important〟〝ce qui est important〟という単語が使われている。これは同じ単語を繰り返さないフランス語の流儀による言い替えとも考えられるので、作者が最も使いたかったのは初出の〝l'essentiel〟と取るのが自然に思える。

翻訳の草分けともいえる内藤濯《あろう》氏を含め多くの翻訳ではこれを「肝心なもの」「大切なもの」「一番大事なもの」などと訳している。どれも考え抜かれた逸訳だと思う。だが「肝心」という言葉は、物事にとって「大きな意味のある欠かせない存在」の印象が強く、王子の言わんとする精神的なニュアンスからはやや離れているような気がする。原語通りに解すれば、王子のいう「大切なもの」とは「物事の本質」、「根源」ではあるまいか。「星が美しいのは、目に見えない花が一つあるからなんだ」という王子の言葉は、花が星にとって肝心で大きな意味をもつということではなく、星の根幹に花という存在＝本質があるから、花の美しさが星自体ににじみ出てくるということだと思う。大切なものは「本当に目で見ることができない」のではなく、本質が存在する場合は「心の目で見れば見える印を発している」ということなのだろう。私が先生から心の目で見よと言われたのは、事物の本質＝根源のことだったのである。

ただしこの表現は、翻訳的にはずいぶん持って回った言いまわしになってしまう。どう訳すかは迷うところだが、真理を言う表現についてはこなれた言いまわしを無理に対応させる必要はないように思う。この結論は合宿のときに漠然と得ていたが、確信するまでには通信社での翻訳を何年か経る必要があった。翻訳するからには、もとより読みやすくこなれた日本語で、しかも原語にできるだけ近いニュアンスと雰囲気を残すのが理想である。だが、言うは易《やす》し、行うは思いきり難《かた》しである。

たとえば竜巻で屋根を飛ばされた家の女性が “There's a sky in our house, not the roof.” と言ったとする。これを「屋根なしの空付きなのよ」と訳したら、被災者の心が伝わってくるだろうか。「お空はあるけど、屋根がなくなっちゃった」と、原語のまま訳すほうが、日本語的な論理ではないが彼女の絶望的な気持ちが伝わるのではなかろうか。二〇〇八年の米大統領選で当選したバラク・オバマ氏が演説で多用し、人々の心を引き付けた“Yes, we can”を、あなたならなんと訳すだろうか。

最後に、この作品と聖書の接点に一言だけ触れておきたい。池澤氏も指摘しているが、サン＝テグジュペリの作品と聖書、特にカトリックの文化は切り離せない。作品中にもミサへの言及があり、録音で彼の肉声を聞くと時折神父が祈りを唱えるような口調になることさえある。旅立つ王子に花がかける「お幸せに」とか「幸せを見つけてね」などと訳されている言葉の原語は“Tâche d'être heureux.”（幸せになるよう努力しなさい）である。これは、新約聖書のなかでパウロが「いつも喜んでいなさい」（テサロニケ人への第一の手紙）という言葉そのものであり、こうした連想は随所にみられる。王子とキリストのイメージを結びつける見方もあろう。象徴するものは違うとしても、ヘビやキツネも聖書ではおなじみの動物だ。羊に至っては、無垢と純性の象徴として、聖書どころかキリストの生き方のイメージと見ることさえ可能であろう。

だが、西欧文学と聖書またはキリスト教との関連は、ごく当然な現象でもある。文化の根底にキリスト教がある以上、文学者たるものが肯定的であれ批判的であれ、キリスト教とまったく無縁で発言するというのはかえって不自然であろう。ミヒャエル・エンデの「モモ」にしても「はてしない物語」にしても、日常を離れて大いなるものに目を向け、時間や存在を見詰め直すよう問い掛ける視点はカトリック的ともいえるだろう。その意味では、これは「星の王子さま」だけの特徴ではないと思う。とはいえ、聖書を連想させるモチーフや、キリストにつながる発想がある場合は、その点を意識して読むと、作品の方向性や作者の世界観により正確に近づけることは指摘しておきたい。一方で、西欧文学とキリスト教の密接な関わりにあまり捕らわれず、日本人にできる自由な読み方を模索することもあっていいと思う。

私がこの作品から確信を得たこと、それは、探すこと、心で見ることに終わりはないということだ。それを止めた瞬間、すべては終わる。だが探し続けていれば、人生のどの位置を歩んでいるかにかかわらず、私たちは永遠に豊かな心でいられるのである。

「南の島のティオ」過去と未来の狭間で

事件から三日目、サマン村の長老から父のところへ使いの者が来て、あれはサラティムカ神のいたずらだと伝えてきた。（中略）サラティムカは昔からしばしばウミガメの姿で人の前に姿を現すことで知られていた。いたずらっ気はあるが、あまり邪悪なことはしない神さまだと長老は言ったそうだ。そして、標識を立てるのに神さまたちになんの挨拶もしなかったからだと、父は叱られた。若い者がしきたりも知らずに勝手な真似をするから、サラティムカがへそを曲げてモーターボートをとんでもないところへ誘導したのだろうというのが、長老たちみんなの解釈らしかった。

（池澤夏樹「草色の空への水路」）

南の島の空港近くにある小さなホテル。ティオはそのホテルを切り盛りする父を手伝ったりお客さんをつれて島を案内したり、ときには訪問者と島民の間を取り持ったりもするしっかりものの男の子。けれど普段は、学校に行ったり友達と遊んだりしている普通の少年だ。この物語は、そんなティオが十二歳から十四歳の間に出会った不思議な話や心に残った出来事を綴った作品である。

この件は、島にモーターボートが増えてきたときの話の一節だ。大陸の文明から隔絶されたかに見える南の島、しかし実は、ティオの住む島は適度に文明を受け入れ、上手に活用している。自動車も走れば飛行機もくる。ティオはその島に初めてモーターボートが入ってきて、定着していくという、歴史的な時代に生き、父たちとともにその一場面に関わったのである。

ティオの父と村の人たちは、観光客も島民も安心して島と珊瑚礁《さんごしょう》の間の礁湖のなかでモーターボートを楽しめるよう、水路を示す標識を作ることにする。みんなで協力して一週間も作業をし、ようやく完成した標識を使っての「開通式」の日、不思議なことが起きた。

標識の安全性を示すために計画されたモーターボート行進で、ボートの列はサマン岬を回って島の向こう側のワウの村へ行き、そこで歓迎式典をして再び港に戻るはずだった。だが船隊は外洋に出てしまい、翌日に「政府のランチ」によって保護される。ところが、乗っていたティオの父もほかの「偉い人たち」も、外洋に出たことにはまったく気付かなかったと話した。

それどころか、彼らは不思議な感覚に包まれていた。ボートは水の上ではなく「あいまいな緑色の水でもなく霧でもないようなもの」の上を漂い、空は「妙な草色」をしている。そこを、空を覆うほど大きなウミガメが悠々と渡って行った。その後からサメが現れ、気がつくと空はエイ、カマス、ノコギリダイ、クマノミ、フエヤッコダイと、無数の魚影でいっぱいになっていた。十隻《せき》のモーターボートに乗った人々は、みなその影にぼんやりと見惚れてしまったのだった。

あれはサラティムカ神のいたずらだと説明した長老たちは、かつて村のまじないごとを掌《つかさど》っていたが、文明が島の時間を変え始めてからは半分忘れられたような存在となっている。だが文明の横暴に神々が警告を発するとき、すべてを説明できるのはやはり長老たちなのだった。

収録されている十話のうち、私はこの物語が一番好きである。島の神々と対話できる長老たちと、文明を少しずつ使いこなしはじめた若い人々、そんな大人たちに育まれている子供としてのティオと、それぞれの人々が躍動している様子が、底抜けに明るい空から降り注ぐ幾万の太陽光線が音を立てて海面に煌めいているような南の島の空気とともに、伝わってくるからだ。船隊の先頭を切る父のボートに乗せてもらえなかったティオは、ふてくされて放送局の送信塔に上り、ボートの行進を眺めている。

足下からずっと陸地がのびて家や道や森や椰子の木があり、その先に礁湖が広がって、そのはるか向うに細く長い珊瑚礁の黒いシルエット、そのもう一つ先が礁湖よりももっと濃い青をたたえて水平線まで遠く広がる外洋だった。水平線のあたりには白い雲がむくむくと連なり、その上の空はちょうど礁湖と同じくらいの明るい空色。礁湖にはいくすじかの潮目が見える。（同前）

この美しい鳥瞰図《ちょうかんず》の風景のなかに、私はさまざまな波の音を聞き取ることができた。波の音は海域によって違って聞こえると思う。ティオの島は太平洋上に浮かんでいると考えられるので、波は太平洋の音で聞こえる。軽やかでサワサワとささやくような潮騒だ。礁湖のなかはほとんど波が立っておらず、その潮騒はいよいよ優しく、切れ目なく海岸を洗っていることだろう。そのはるか向こうに、蒼蒼とした外洋が広がっている。礁湖から外洋へは船で出ていくことを考えると、普段は外洋の波音が海岸で遊ぶティオたちの耳に届くことはないかもしれない。けれどよく耳を澄ましてみれば、どこからかゴウゴウと響く海原の通奏低音が絶え間なく響いているのではあるまいか。ティオたちは、こんな海の響きを子守唄のように聞きながら遊び、育っている。外洋の波は高く荒いが、南の太陽を浴びて泡立つ太平洋の波音は、どこか軽い。まるで太陽に温められた海水の分子のつながりが、ほかの海域よりも緩やかであるかのようだ。

潮目ではないが、私は二つの水流がぶつかる音を、青森県の十三湖で聞いた。白神山地のブナの森から流れ出した川が、田畑を潤す岩木川となり、十三湖に注ぐまさにその地点で、流れの接点を聞き取ったのである。右からチョロチョロと持続的な水音で流れてきた水が、目の前で湖に注ぎ、その瞬間から、タポン、タポンという湖の波のリズムで動き出した。周囲の人たちに尋ねてみると、そこはたしかに注ぎ口で、右の水と左の水の青色がはっきり違っていると教えられた。川の水は、湖水に融合してより深い蒼になっている。その青と蒼の境目で、二つの水が触れ合い、交わっていく音が続いていたのである。

ティオの言葉を読みながらあのときのことを思い起こし、太平洋の外洋でダイナミックにぶつかり合う潮流のシンフォニーに、心の耳を傾けた。

ふてくされてはいても、ティオはやっぱり、モーターボートの行進から目が離せない。大人たちと一緒にがんばって作った標識を使っての行進は、たとえボートには乗れなくとも、少年にとってどんなにかワクワクする出来事であったことだろう。新しい文明の利器を実際に使いこなすときの期待感で、彼の目はキラキラと輝いていたに違いない。

一方、その事件以来、サラティムカの神様は姿を消したようである。

たまたまぼくと父が一緒にモーターボートでランタル島の沖を走っている時、父は沖の方をじっと見て、つぶやいた――「時々ね、もう一度あの草色の空とウミガメの影を見たいと思うんだ。そんな機会はもうないだろうな」

　多分そういう機会はもうないのだろう。あの時から後、この島で神さまたちの誰かが人間にいたずらをしたという話は聞いたことがない。礁湖にモーターボートが走り、道路ができて車も増え、大きな飛行機も通うようになって、島がうるさくなりすぎたと考えた神さまたちはどこか別の島へ行ってしまったのかもしれない。（同前）

　この短編集には、過去と未来の狭間としての現在をどのように生きるべきかというテーマが流れている。

　著者の池澤夏樹氏は、その過渡期に当たる時代を、島に根付きはじめた文明の成長度と同じくらいの年齢ともいえる少年ティオの目に託して描写し、今を生きるとは何かを読者に考えさせようとしているのかもしれない。

　池澤氏はこの件の後、「それは、みんながカヌーに乗らなくなったのと同じように淋しいことだとぼくは思う」と締めくくっている。こうした表現を教訓的とする見方もあるようだ。教訓的とまでは言わないとしても、たしかにこの一文は、ティオの気持ちよりも池澤氏自身の気持ちを表しているとも読める。なぜならこれは、文明受け入れの途上にあるティオの感覚というよりは、すでに完熟した文明の側にいる人の結論のように思えるからだ。ただ同時に、この「一般的な結論」をあえて示すことで、池澤氏は「本当にそんなに単純なものなのか」との反問を投げかけている可能性もある。

　自然が破壊され、自然を掌《つかさど》っていた神々が科学という別の力に置きかえられ、神秘の情緒が薄れていくことはもちろん淋しい。だが現実には、それまで文明の恩恵を受けられなかった途上世界の人々の多くにとって、文明はやはり目指すべき目標なのではあるまいか。文明を拒否し続ける一部部族はさておき、木の葉の皿を活用していたインドの村人たちがいつのまにかプラスチックの皿を「おしゃれ」ともてはやすようになるといったことを見れば、人類には文明を待望する心理があるのではないかとさえ思える。

　ティオたちもまた、豊かな自然と適度に付き合いながら文明を受け入れている。ティオは、昔人々が乗っていたと聞くカヌーが「うちのホテル」にあればお客さんは喜ぶだろうと思うと書いており、カヌーを「懐かしい乗り物」と見てはいない。むしろ、そういう「珍しいもの」を目玉商品にすれば泊まり客たちにもっと楽しんでもらえると、サービスの手段として見ている。彼の輝く視線は、明らかにカヌーではなくモーターボートのほうに向いている。彼はすでに、飛行機を見に行ったり、外国人の泊まり客たちと接したりするなかで、文明を楽しむ術を獲得している。そんなティオが、はたして本当に、みんながカヌーに乗らなくなったことや神様が現れなくなったことを単純に「淋しい」と思ったかどうか、私には疑問なのだ。もしかしたらティオは、淋しくなったと思うよりは「神様の世界を卒業した」と思っていたかもしれない。しかしそれも、文明のなかで育った私の憶測にすぎない。本当はどんなふうに考えたのか、ぜひ本人に尋ねてみたい。結局、大多数の人間は文明を受け入れ、さまざまな弊害を感じながらもそれを歓迎しているのだから。

一方、過度な文明はすでに地球を破壊しはじめてもいる。作者が思わずもらした「淋しい」という言葉には、あるいはそんな現代まで見越した視点が込められ、それなら自然と文明は「どの辺りまでなら折り合える」のか、人間はどの辺りで文明を「止めておく」ことにすべきかを、問うているのかもしれない。

そうした中でも、いまティオたちは、キラキラした毎日を送っている。過去には神様がいた島に、いまは自動車が走り、おそらくティオが父のホテルを継ぐ未来には情報技術（IT）や大型船も入ってきているだろう。私たち読者は、その二つの時代の狭間で刻まれている現在の時間を一足先の文明世界から読み、ティオがこれほど美しい海を「普通に」見ていられる幸せを、微笑と羨望をもって見守っている。そして、彼の心もこの海も永遠に透明であってほしいと願う純粋な気持ちをどこかに抱いている。

この作品を読むと、不思議にリセットされる。単に南のリゾートという楽園世界と、そこでのびのびと生きる素直な子供という題材の気持ちよさのためではない。環境や戦い、エネルギーなどあまりにも多すぎる問題に追い詰められた人類が休むこともできずに走り続けている現代、それらを一旦すべてストップし、人間とは本来どのように生きていたかを見せてくれるからだと思う。ティオを見てほっとするのは、彼が『大人と子供の間』というそのままの姿で自然に振舞い、「過去と未来の狭間」で正しく行動しているからである。この作品は児童文学とされているが、大人と子供が一緒に読んで、語り合うヒントをふんだんに秘めている。

全編を通して投げかけられているもう一つのテーマとして、戦争、あるいは歴史がある。ここでも池澤氏は、歴史という過去と未来の間に位置する今を意識しているのだが、とくに戦争の歴史を踏まえて「今どう行動するか」に焦点を合わせているように思われる。

ぼくたちの島は、縦に切って伏せたパパイヤのような形をしている。北の端のヘタにあたるところに町があり、島の真中にはムイの山があって、そこから川が四方へ流れ、どの川も滝を経て海に注いでいる。ムイ山のまわりはジャングルで人は入れない。人はみんな海に近いところに住んでいて、道路も海岸に沿って走っている。（同前）

ヤシの木の葉が頭上高くでそよぎ、町中には町らしい音を保つぐらいの自動車の音が行き交い、そこここで現地語と英語が入り混じった会話が交わされている。リゾートの島をゆったりとそぞろ歩く都会や工業国からの訪問者の足音、時折ジャングルから出てきて囀《さえず》る南国の小鳥たちの声、ゆったりと流れる時を刻む内海のさざめき。そして、週に三回やってくるボーイング機の爆音。島にはこうして、自然と都会、現在と懐かしい過去を混沌と織り込んだ音が満ちている。

子供たちは、島中の大人たちに見守られて育ち、命を謳歌して生きている。

サマン岬の先までは町から三キロある。

ぼくたちはいつもそこまで歩いて行った。運がよければ町を出てすぐのあたりで、誰かのピックアップがぼくたちを拾って、リギンラガン川の橋のところまで運んでくれる。（中略）一番下の子は三つか四つで、だから気をつけて見ていてやらないと危ないのだが、ぼくたちはみんな小さい子を見るのがうまかった。どんなに夢中になって遊んでいても、いつも誰かが小さい子に気を配っていた。十何人も集まると小さな子が混っていたところで、みんな思う存分に遊べたのだ。（「空いっぱいの大きな絵」）

「飛行機も来るし、政府もある。自動車もたくさんある。」と語られる島には、悲しい歴史もある。

「（前略）彼女はもともとはトーラス環礁の生まれで、みなしごだった。この島には姉夫婦と一緒に来ていたんだが、姉の連れ合いは戦争で日本軍に徴用されてどこかへ行ってしまったし、姉の方はしかたなくトーラスに帰ったという話だった。そして妹のマリアは一人でこの島に残った」（中略）／「ここに日本の軍隊がいたの？」とぼくは小さな声で父にたずねた。／「そう。戦争だったから」と父も小さな声で答えた。

（中略）

「それで、戦争が終った。アメリカ軍が来た。わたしたちは山を降りた」

（「ホセさんの尋ね人」）

作者によると、これはミクロネシアのある島をモデルにした話とのことだ。ティオたちは、楽園の暮らしを満喫しながら、島の悲しい歴史も背負っている。戦争、おそらく第二次世界大戦である。島は日本の領土となったり、戦後は米軍の支配下になったりした。もうあの戦争について語られることはあまりないようだが、時折、ホセさんやマリアさんのような戦争経験者が日常のなかにふっと現れる。島にはこうして、終わったようで終わらない戦争の歴史が未だに息づいている。ティオたちは人々から話を聞き、かつて島を支配していた日本軍や米軍、現在の政府の存在を受け入れ、歴史の重みに健気に対応しながら暮らしている。

「すまないことをしたと思うが、あるいはこれでよかったのかもしれない。アニータが言うように、たしかに待つということは心の支えになるものだ。あれは帰って来ないわたしを相手に、充分満ち足りた生涯を終えたのかもしれない。今となっては誰にもわからんことだな」

ぼくはどう返事をしていいかわからなかった。(中略)ただ人にはいろいろな人生があって、みんなそれぞれに誠実に生きようとしているのだということを、少しだけのぞき見たように思った。そして、自分が知っているエレンナ婆さんの姿から若かった時のマリアさんのようすを想像してみながら、ジープを走らせた。(同前)

戦時中、この島にきていたフィリピン人のホセさん。そこで知り合ったトーラス環礁の娘マリア。それが最近亡くなった島の金貸しエレンナ婆さんだったことを、ティオたちは初めて知る。ホセさんは、マリアとの約束を果たすため数十年ぶりに島へ戻ってきたのだ。そこでティオは、ホセさんをマリアの墓のある山へと案内する。かつてホセさんとマリアが暮らした思い出の場所だ。この件は、ホセさんがマリアの墓に建てられた十字架の前で静かな時を過ごし、ティオの運転するジープでそこを離れる場面である。

ここで私は、ティオの行動に注目した。弱冠十四歳のティオは、まだホセさんたちの気持ちを理解するには早いけれど、ホセさんを優しく支えてあげることは充分にできた。彼がしたのは、ジープを運転することだけである。車中で少しの会話はあっただろうけれど、優しいティオはけっしてホセさんの心をえぐるような昔の出来事を聞き出そうとはしなかっただろう。それよりも、墓を探すことに集中し、十字架の前でマリアと対話するホセさんの気が済むまで静かに待ってあげる。帰りも、黙ってジープを走らせる。彼は少年にしてすでに、歴史を、人の心をありのままに受け入れ、人を助けるために粛々と行動できる人格者なのだ。

物語の随所で心打たれるのは、ティオのさりげない行動である。けっして余計なことを言わず、差し出がましいお節介も焼かない。だが、相手がしてほしいと思っていることを絶妙なタイミングでしてあげられる才能がある。

それができるのは、しっかり「今」を生きているからではあるまいか。ホセさんがマリアを何十年も一人にしたことを責めたり、あの戦争は何だったのかなどと過去の分析に終始することもなければ、ホセさんのこれからを詮索することもない。どうしようもなかった過去を必死で清算しようともがくホセさんを、ひたすら支えてあげようとする。彼は、いま自分がやるべきことがそれだけであることを自覚しているのである。

いまの日本で、私たちはどの程度「今」を生きているだろうか。第二次大戦を教科書でどう教えるべきかは盛んに議論されるけれど、あの戦争も含めたさまざまな戦いやこの国の歩みを踏まえ、私たちが個人としていまの日々をどう生きるか、人のために何ができるかを、どのくらいリアルに意識しているだろうか。外国語を学び、インターネットで情報を集め、色々な教養を身につける機会も与えられているだけに、その恩恵に甘んじて、頭で考えた定義や持論に閉じこもり、いつしかティオが感じているリアルな生活感を忘れてはいないだろうか。

ティオは、自分のためだけでなく人のためにも時間を費やすことの価値を知っていて、それを実践している。だからこそ彼は優しく透明で、キラキラしているのではあるまいか。

最後に、細かいことだが作品の理解に関わる印象的な発見を書き添えておこう。ティオの島から六百キロ離れた島で災害に遇い、避難してきた少年エミリオが、カヌーで故郷へ帰る決意をしたとき、ティオは彼の食料調達を手伝う。そのとき、青いバナナを一房収穫する。「パンはぬれると食べられないし、イモは傷みやすいから、結局バナナが一番いい」のだそうだ。

バナナ一房と読んで、私は八百屋さんで売っているような、大きくてもせいぜい十本ぐらいの房を想像していた。だが後から実に「六十本はついているだろう」という大きな房のようだと知った。実体験をしていないとこういう落とし穴に嵌ってしまうのである。今後は「バナナ一房」には気を付けよう。

いま、私の心には新しい楽園が出来た。もちろん、ティオのいる小さなホテルである。いまや働き盛りのホテル経営者となったティオは、あのころと変わらず、降り注ぐ陽光を浴びてビーチに砕ける波飛沫のようにキラキラした瞳をしている。そして私が心の飛行機でこの楽園を訪れると、滑らかな声に少し巻き舌の入った英語と片言の日本語で「コンーニチーワー」と迎えてくれるのである。

「モンテーニュ旅日記」描写の読み方あれこれ

我々はカイゼルシュトゥール Kaiserstuhl まで来て、ライン川を渡ったが、この都市はスイスの同盟市の一つでカトリックである。そこから川沿いにきわめて美しい平坦な地方を進み、ついに滝の所に出た。川の水が岩にぶつかってくだけている。（中略）それは、シャフハウゼンの下で、ライン川が巨大な岩底にぶつかって一度そこでくだけ、さらに同じ岩の上を少し下って、こんどは槍二本ばかりの高さの崖に来て、いよいよ轟然《ごうぜん》たる飛沫をあげて、一大瀑布となって落ちているからである〔いわゆるラインの滝 Rheinfall〕。

（「モンテーニュ旅日記」関根秀雄・斎藤広信訳）

「随想録」で知られる十六世紀フランスの貴族、ミシェル・エイケム・ド・モンテーニュは、当時のフランス王も絶賛したというモラリスト文学のバイブルをものした博学の人物である。「旅日記」は、モンテーニュが晩年の一五八〇年、プライベートな一大旅行に出かけたときの記録だ。「十七ヶ月と八日」にもおよぶフランス、スイス、ドイツ、イタリアの湯治と物見遊山三昧の旅行で、忙しい現代人にはうらやましい限りの旅の記録が次々と繰り出される。

旅物を読む最大の楽しみは、筆者と共に旅をしている気持ちで発見したりときめいたりできることだが、それを充実させるこつは、何と言っても描写の読み方を鍛えることではないだろうか。そこでこの章では、「旅日記」を通して、描写の奥深さを取り上げてみたい。分析に入る前に、「旅日記」の特色と私の印象を簡単に記し、描写を行っている筆者の気持ちをつかんでおこう。

「旅日記」は、モンテーニュに同行した秘書が綴った前半と、それを引き継いでモンテーニュ自身が記した後半の二つの部分に分けられる。どちらの部分にも外国旅行の楽しさ、物珍しさが溢れているが、モンテーニュ自身と秘書の旅に対する気持ちに、若干の相違が感じられる。特に、持病の腎臓結石を抱えて湯治しながら十数人の友づれを率いるモンテーニュと、忠実な秘書として何くれとなく主人の世話をやきながらも、体は健康で、同行の恩恵として遊山の旅を楽しんでいる秘書とでは、「楽しさ」の種類が少し違って読める。

モンテーニュの人物描写にも違いがある。モンテーニュが持病と戦いながら、その日の尿の色や排出した結石の形、痛みの状態など人体の生々しい様子を臆することなく記しているのに対し、秘書は主人が各地で学問について著名人と意見を交換したり、ローマ法王に謁見したりと、主人の威厳に満ちた部分を巧みに選んで記録している印象がある。たとえばドイツでは、訪れた都市がカトリックかルター派か、カルヴァン派かといった宗旨を必ず記し、見学した教会の歴史や司祭との問答などにも言及している。さまざまな場面で主人がどんなに上品に振舞ったかや、滞在した宿で起きた揉《も》め事《ごと》にどんなに冷静に対応したかを示唆するなど、その文章は主人への敬意と気遣い、背景知識の少ない読者への配慮に満ちている。主人から信頼を得るに十分な学問を備え、この主人にしてこの秘書ありと言いたいような、大変な人格者であることを感じさせる。

一方、モンテーニュにとっては、観光や貴族としての社交、教会見学や宗教的問答といった上品な部分はむしろ当たり前のことで、旅の副産物にすぎなかったようだ。それよりも、旅の目的はひたすら湯治で療養することだったのではないかと思わされる。結石の痛みは尋常ではないと聞くが、それほどの激痛を抱えながらも、馬や馬車に揺られたり、ときには男たちに担がれて山脈を越えたりと、強行軍を伴う長旅を最後までやり果《おお》せたところをみると、この随想家は意外に頑健だったようである。そんなモンテーニュは、医学についての考えや学問的知識を駆使して各地の習慣や歴史を体得しようとしたが、それらを記録することにはあまり頓着しなかったのかもしれない。そのため、後半部分に入るに当たり、「ここまでわたしに付き従い、こんなに立派に書きつづけてくれた男に暇をやってしまったので、しかもこんなにまで書き進められてきているのを見ては、どんなにそれが面倒でも、これからは自分でつづけてゆかなければならない」と、自身を叱咤《しった》するかに見える前置きをわざわざ付けている。こうして、作品は二人の筆者を持つこととなり、興味深い描写の読み比べができるものとなった。ちなみに、訳者解説によると、「どうしてローマでこの男に暇をやったのかわからない」そうである。

冒頭の引用は秘書がライン川について描写した箇所で、情緒豊かな表現である。十月の欧州、川面には爽やかな微風が渡り、馬上に揺られる一行の顔を涼しくなでている。蹄《ひづめ》の音、馬具の金具が触れ合う音、しばらく途切れた会話の合間に聞こえる息遣い。その大地の真ん中で、川は大いなる変貌を遂げる。川底から地鳴りが湧き出すような音で流れ出す。それが表面に現れると、轟々たる滝となって落ちていく。その地響き、陽光に反射する飛沫の輝き、見ている人々の唖然《あぜん》とした表情と感動の叫びが、短い描写から五感全体に伝わってくる。

では、モンテーニュは川をどのように描写しているだろうか。

見下ろすと、どこも限りなくひろびろとした平野で、あの大ローマも見渡せる。前方に海を望み、背後には山を控えている。あのテヴェローネ川［アニエーネ川］は、市部を洗ってから、その近くですばらしい急流となって山々を下り、五、六百歩もある岩穴の中にかくれ、それから平地に出ると思う存分くねりくねって、ついに都の少し上流でテヴェレ川に合流する。

先のラインの滝に引けを取らない見事な風景である。「すばらしい」という形容詞で表している川の流れが怒濤《どとう》の勢いで無数の岩穴に流れ込む辺りでは、ラインの滝とはまた違った轟音が、大地いっぱいの反響とともに聞こえている。壮大な眺望とともに風の音も水の音も聞こえ、これが四月の記録であることを考えれば、周囲にはナイチンゲールやヒバリなど小鳥の囀りも聞こえていたことだろう。細部まで読み込んでいけばいくほど、豊かな想像が広がる。

ところが、秘書の描写と同じ言葉を使い、秘書と同じく自然の様子が深く心に響いた印象を綴っているのに、この件はどこか淡々としていて、少々物足りない感さえある。もしかすると、モンテーニュが感動しているのは、川自体よりも「大ローマ」の眺望だからかもしれない。

モンテーニュが畳み掛けるように連発する名詞からは、「大ローマ」という風景全体の壮大さは伝わってくるが、川自体に対する叙情はさほど読み取れない。名詞をたどってみると、大ローマ、海、山、岩穴、都、上流とあり、単語を見れば風景が連想できる手法になっている。対して秘書の描写では、名詞らしい名詞はシャフハウゼンという地名ぐらいで、あとは槍二本ばかりの高さの崖、轟然たる飛沫と、具体名詞よりも秘書自身の言葉で滝が表現されている。数字の使い方で見ると、秘書は槍二本ばかりという距離感を数字で表しているのに対し、モンテーニュは五、六百歩もある岩穴と、圧倒的な数によって表している。一見川に感動しているかに思える箇所でも、モンテーニュには「大ローマ」という大国が先に見えており、ライン川はその従属物に位置づけられているのかもしれない。あるいは、モンテーニュは文明に対して興味を抱き、秘書は自然や事物そのものに興味をもっていたとも解釈できよう。

描写の手法から見ると、名詞を多用したり圧倒的な力を数字で見せる方法では、状況は正確に伝わっても、描写している筆者の目線や心の動きは伝わりきれない場合があると思える。

モンテーニュも秘書も、ともに川の醸し出す眺望に感動し、それをできるだけ効果的に記録しようとしている。だが、モンテーニュは「大ローマ」の長大さに感動し、秘書は川の流れに感動している目線の違いと、自身の言葉と名詞や数字による描写手法の違いから、読者に伝わるものは大きく違ってくる。どちらかが勝っているということではない。描写する対象のリアルさや手法の正確さだけでなく、それらの背景にある筆者の目線や心の立ち位置まで読み取ると、旅の風景だけでなく、モンテーニュと秘書の人となりまで味わえるということである。

次に水の描写を見てみよう。「旅日記」を読んでいると、欧州は日本に劣らず「水の国」なのではないかと思えてくる。世界的に、都市は水辺に発展するものではあるが、欧州でも人間の住むところには実に水が豊富で、住民たちはその土地ならではの豊かな水の使い方をしている。なかでも私の興味を引いたのは、水を使った大きな機械仕掛けである。

そこに十二か十五の大きな歯車を備え、それによって絶えず大量の水をその上の階となる床の上に汲み上げると、こんどは同数の鉄の歯車が——下にあるのは木製であった——同じようにその上の階の床に水を上げるという風になるらしい。その水は、そうして約五十ピエの高さまで上がると、大きな幅広い人工の管に注がれて町に導かれ、そこでたくさんの粉ひき車を回そうというのである。(中略)彼らはまた別に、この歯車装置全体を、河水の干満によって高くしたり低くしたりする装置を作っている。

(引用者注：秘書)

町の入り口の入場料金支払いシステムから、邸内の食堂に湧く天然の泉まで、当時のヨーロッパの人々は見事に考え抜かれた仕掛けで水を扱っている。これには秘書もモンテーニュも一様に感動し、随所でそれらを細かく説明している。引用は建設中の仕掛けの説明で、この描写からは、水自体の音に加え、大声で手順を指図する職人たちの声や、鶴嘴《つるはし》やシャベルの音、調子を合わせて声を掛けながらドサリと土を空ける音など、大掛かりな作業が進む現場の活気が伝わってくる。掘り起こされた土や削られた木の匂い、鉄の錆《さ》びた臭いなども感じられる。このように、モーターのないルネサンス期の音と、仕掛けを見つめる主従の筆者たちの大きく見開かれた目も「旅日記」の読みどころのひとつである。

仕掛けの見事さとともに、私は、灌漑《かんがい》や水道といった実用だけでなく、噴水や「水の音楽」などの「遊び」のためにも惜しげなく水を使っている暮らしの余裕にも惹かれた。

切り石で出来た、長い、とても美しい欄干があり、その欄干に沿って、壁の間から泉が迸《ほとばし》り出て、散歩道全体が噴水みたいに見える。（中略）また館の大広間には大理石のテーブルがあり、席が六つある。その一つ一つにある環のついた蓋を開けると、下にはテーブルに取り付けられた容器がある。その六つの容器のそれぞれには冷たい清水が湧き出ていて、各人がそこで自分の酒杯を冷やすことができる。真ん中には大きな水槽があって、酒瓶をつけられるようになっている。（秘書）

なんともびっくりな仕掛けではあるまいか。散歩道全体が噴水とは、ずいぶん大きな話である。かと思うと、酒席のテーブルのひとつひとつに泉が設えてあるという。水の冷たさが心地よい。邸内に流した水に浮かべた杯を取って詩を吟ずる中国の曲水を思い出した。日本でも、旅館の中まで湧き水を引く仕掛けや渡り廊下の下を本物の川が流れる趣向は昔からあるし、京都では古くから川床料理が供されている。それらと並べても、ヨーロッパの人たちが手を尽くして作り上げた水の仕掛けは注目に値しよう。

まわりには石の縁がめぐらされ、その欄干の上には高い切石の柱が、約四歩ばかりの間隔をおいてたくさんついている。その石柱の頭部からは水が勢いよく、上に向かってではなく池に向かって噴き出す。口はこのように内側に向かって互いに向き合っていて、非常な勢いで水を池の中に吐き出し散らすから、それらのたくさんの水の槍は空中でぶつかり合い、池の中に密に絶え間なく雨を降らす。太陽はその上に降りそそぎ、池の底にも空中にも、また周囲のいたるところに虹を出現する。その自然で鮮やかなこと、空に見る虹と少しも変わらない。

（モンテーニュ）

川の描写とは打って変わって、モンテーニュも噴水の仕掛けには大いに感銘を受けているようである。またその美についても、美しいだけでなく「その自然で鮮やかなこと、空に見る虹と少しも変わらない」という辺りが、いかにもリアリズムを大切にするフランス人らしい心象ではなかろうか。モンテーニュの次の世紀は、まさに「真実らしさ"vraisemblance"」が最も珍重される十七世紀なのである。噴水は綺麗なだけではない。そこには音の遊びもある。

風琴《オルグ》の音楽は、本当に自然の風琴から発する音楽であるが、いつも同じ譜を吹いている。これは、水が非常な勢いで丸天井の洞窟の中に落ち、その内部の空気をかきまわすと、空気が外に出ようとして、風琴の管の中に入ってこれを吹きならすからである。（中略）それからまた別の仕掛けによって梟《ふくろう》を動かす。梟が岩のてっぺんに姿を現わすと、小鳥どもはその姿にびっくりして、ぴたりとその美しい囀りをやめる。それからまた梟に代わって小鳥が歌いだす。そういうふうに代わる代わる、それは好みのままに操作される。ある場所では大砲を発射するような音をさせるし、また別の場所では小銃の射撃のようなもっと鋭く小さい音をさせる。これは水を急に水路に落とすことによって出される。空気がそれと同時に外に出ようとして、そういう音を出すのである。（モンテーニュ）

風琴は、パイプオルガンと同じく、音階をもって作られた管に風を送って音を出す装置だ。現代のオルガンが電気吹子《ふいご》によって安定した音を出しているのに対し、風琴は手回し機や、この件のように水による風で音を出すので、ただでさえ頼りない音がさらに微妙にくるったり途切れたりする。手回しオルガンをやってみると、旋律を奏でるだけの風を起こすには大変な力がいる。回しても回しても惰性で回ってくれることはなく、少しでも手を緩めるとすぐに曲がたるんでしまう。以前これをやらせてもらったとき、体の小さな私が周りの視線を一瞬忘れて必死でハンドルと格闘しているのを見て、オランダ人のオルガンおじさんが思わず吹き出したことがある。

この経験から、「旅日記」の噴水が「いつも同じ譜」を奏でていたのは、実は大変なことなのである。たとえ手回しオルガンを演奏することひとつでも、描写に関係のある経験が実際にあると、読書の深さと厚みは大きく増すのだと思う。

それにしても、何と賑《にぎ》やかで楽しい音のシンフォニーだろうか。旋律は風琴のメロディーだけだけれど、そのほかにも大砲や小銃、小鳥の声など、まるで「おもちゃの交響曲」さながらである。日本にもヨーロッパの美術や自動演奏の楽団がやってくることがあるが、こうした仕掛けを再現する企画が増えるのもいいのではないだろうか。

湯治も、ずいぶん気持ちよさそうだ。

ここには飲む湯も入浴する湯もある。浴場も丸天井で覆われていてかなり暗く、幅はモンターニュのわが家の食堂の半分ほどある。また人々がラ・ドッチア《la doccia》と呼ぶシャワー装置がある。それは、管で熱い湯を体の各部分に、とくに頭部にかけるようになっていて、絶えず体に湯が流れ落ち、患部を打ち温めるのである。（中略）飲用する泉の方は、かなり不快な窪《くぼ》んだ所にあり、幾段かそこまで下りてゆかねばならない。

（モンテーニュ）

発音から想像するに、ラ・ドッチアはおそらく、フランス語でシャワーを意味する“la douche”（ラ・ドゥーシュ）と同じ語源であろう。日本でいう打たせ湯の描写が親しみ深いが、私にはお湯そのものより、石の足ざわりが鮮やかに感じられる。ローマでカラカラ浴場の遺跡を見たせいもあるだろう。この件を読むと、少しザラザラした石の上を滑らないよう注意しながら上がり降りするモンテーニュの足取りを真似てみたくなる。治療のため温泉の飲用が普通に行われていたらしいことももちろん興味深かったが、その飲用の泉へ行く薄暗い石段の湿った足ざわりの悪さが、強く印象に残った。

温泉のネーミングも面白い。《うまい湯》、《甘い湯》、《恋の湯》、《冠の湯》、《絶望の湯》などなど。日本なら「美人の湯」「子宝の湯」など、目的がはっきり分かる名前をつけそうなところだ。対してこのネーミングは目的ではなく、その人にとってどうかという「作用」なのだろう。にしても、絶望の湯とは何なのか。

面白いことに、湯治の気持ちよさは、お湯が熱かったとかぬるかったという直接の描写より、浴室や源泉の様子の描写からのほうが、より明確に伝わってきた。モンテーニュひとりが感じたお湯の感覚を読むよりも、温泉そのものの様子が分かるほうが、温泉になじみの深い日本人には自由に入浴の気持ちよさを想像し、好きな温度でラ・ドッチアを浴びたり丸天井の浴室でぼんやりしたりできるからなのだろう。描写をより深く、リアルに楽しむためには、筆者に表現の研究を求めるだけでなく、読者自身が最大限に想像力を遊ばせ、それができる箇所を掘り出す能力を磨くことも有効なのである。

最後に、旅に欠かせない観光に触れておく。モンテーニュの「随想録」に魅了されてエッセイストを志した私だが、「旅日記」では、モンテーニュの生身で面白い記録もさることながら、旅を読みたい一読者としては、秘書殿の忠実な紀行文のほうが発見が多かった。なかでも、ふと頁をめくるとどこも同じなのではないかという錯覚に陥るほど随所に散らばる教会の描写については、半ば飽き飽きしてしまう感がなくもないのだが、にもかかわらず、そうした描写がモンテーニュ自身が筆をとった後半の文中にさほど頻繁に見られなくなると、なんだか寂しくなったりもした。

それはおそらく、彼らにとって教会に行くことが「日常」だからではないかと思う。言うまでもなく、彼らの教会見学には多くの日本人にとっての神社仏閣の見学に近い感覚もあっただろう。たとえばモンテーニュが旅の最後に見学したカルトジオ会修道院は

「聞きしにまさる立派な教会」として、見事な細工や建物を手放しで賞賛している。

けれど、それはただ美を賞賛しているのではないと思う。秘書が度々書いているように、モンテーニュたちは旅先であっても「ミサを聴き」(＝ミサに与《あずか》り)、暦は聖○○の日などと、キリスト教の聖人カレンダーを基準に記述している。彼らにとって、カトリック信者としての生活は故郷と変わらない日常であり、だからこそ、宗教戦争の最中、ほかの国の教会はどんなふうなのか、モンテーニュ自身もカトリックとの和解にかかわっていたルター派やカルヴァン派の人は何を言っているのかといった興味が普通に湧いてくるのではあるまいか。秘書が新しい都市を訪れるたびに、ここはカトリックだとかルター派だとか細かに書いているのも、それが彼らにとって重大な関心事だったからである。彼らの教会見学は、単なる観光にとどまらず、日常の研鑽《けんさん》でもあるわけだ。

私は大学時代、四十日ほどかけて欧州を旅行し、パリのノートルダム大聖堂をはじめ無数の教会を見学した。フランスやイタリアの教会ではオルガンの音が一度ドームの中で上がってから降り注ぐような反響の仕掛けが多いように思えたのに対し、スペインでは音がステレオサウンドに聞こえるようオルガンを平面的に作ってあるなど、興味深い点は無限にあった。だが、その感動を一通り経験した後は、罰当たりなことにどの教会に行っても同じ感じがするようになってしまった。私の勉強不足や、壮麗な建物を見ることができない〝シーンレス〟としての制限のせいもあったと思うが、それ以上に、私がクリスチャンでなかったからではないかと思う。観光は、一見非日常のようでいて、その人の日常のあり方に大きく左右されるということなのだ。

いってみれば、読書そのものが非日常なわけだが、そのなかでも旅物は特に、日常をもった実在の人物が非日常を経験する場面を目撃するという意味で、よりリアルに読者を未知の世界へと誘い出してくれる。しかし、旅や読書という非日常の本当の意味は、日常から逃避できるところにではなく、それが日常を変えていくところにある。旅先から持ち帰った小石が毎日のゴタゴタを消化してくれたり、楽しかった旅路で見た空の色を思い出してふっと一息つくといった経験は、逃避からではなく、非日常から与えられた日常そのものの変化なのである。

描写を楽しむ極意も同じではあるまいか。描写を深く読めれば読めるほど、私たちの心は深まり、日々の心持ちそのものが変わってくるのであろう。豊かな日常を過ごすことができていれば、描写の読み方も深まっていくのである。

「カンタヴィルの幽霊」恐怖の正体

丁度時計が十二時十五分を報せた、（中略）彼はひそかに北叟笑《ほくそえ》みながら角を曲った、と思うや否や、余りの恐しさに憐れな悲鳴をあげて後ずさり、青ざめた顔を長い骨ばった手で思わず蔽ってしまった。真前に怖しい化物が突っ立っていたのだ、彫像のように身動きもせず、狂人の夢のごとく途方もない化物が！　頭は禿げ上って、てかてかと光り、顔はまるく、ぼてぼてとして白かった、ぞっとする笑いがその顔面を永遠の歪《ゆが》みに捩《ね》じ枉《ま》げてしまったかにみえる。両眼からは真紅の光線が迸り、かっと開いた口はまるで火を吐く泉の如く、見るも恐しい衣は、（中略）静かな雪の如き白さでタイタンの巨体を包んでいた。胸には奇妙な言葉を古風な書体で認《したた》めた札が下っている、（中略）しかも右手には、燦然《さんぜん》と輝く鋼の偃月刀《えんげつとう》を高々と振りかざしていた。

（オスカー・ワイルド「カンタヴィルの幽霊」福田恆存訳）

夜中にふと目覚めてこんなものに出くわしたら、普通は腰を抜かしてただただパニックになってしまうのではあるまいか。数々の武勇を誇る強い御仁でも、一瞬ぐらいはたじろぐことだろう。

この箇所には、夜中という時刻、恐ろしい出で立ちに形相、古風な書体の奇妙な言葉、偃月刀と、過去や死を連想させる恐怖の原材料がすべてそろっている。だから、描写は非常に恐ろしい。ただし、日本には「四つ時に出る幽霊は前座なり」と寄席の出番順を写した雑俳があるように、日本人にとって本当に恐ろしい時刻は丑三つ時（午前二時ごろ）なので、四つ時を少し過ぎた十二時十五分程度では中途半端で迫力にかける気がしなくもないが。

だが、この物語に詳しい方ならもうお気づきだろう。これは幽霊そのものの描写ではない。幽霊が見た偽幽霊の描写である。幽霊を初めて見たカンタヴィルの幽霊は、この恐ろしい偽幽霊に仰天し、一旦は尻尾を巻いて這々《ほうほう》の体で逃げ出すが、その後思い直して「仲間」と同盟を結ぶべく恐怖の現場に舞い戻り、あの恐ろしいやつが偽物だったことに気づいて臍《ほぞ》を嚙《か》むのである。

この物語は、人間の恐怖を片っ端から逆手に取り、その他愛なさと深さを見事に浮き立たせた逸品である。恐怖を上から見下ろして徹底的に分析し、ユーモラスなストーリー展開に託してその心理を描き出しているのだ。恐怖はそれ自体で私たちの判断力をくるわせてしまうため、恐怖の正体を知るには、恐い話を読んで素直に背筋を凍らせているだけでは十分でないと思う。だから、恐怖を存分に生かして笑いと感動に昇華しているこの作品は、恐怖の真相に迫るよい手がかりになりそうである。

アメリカ公使、ハイアラム・B・オーティス氏は、英国のカンタヴィル卿から猟園を購入した。この館には幽霊が出るとかで観光スポットにまでなっており、そんなところをわざわざ買うなんてと人々から口々に忠告される。当のカンタヴィル卿も昔気質の誠実な人物で、幽霊について詳細に説明し、どうしても買うというなら自分が忠告したことを忘れないようにと念押しして契約に同意する。オーティス氏は「家具も幽霊もひっくるめて然るべき値で」館を購入すると断言し、新天地アメリカの公使一家と古き英国の幽霊との奇想天外な対決が始まったのだった。

召使の話によれば、この幽霊は、一五七五年に妻のエリナー・ド・カンタヴィル夫人を殺した後、九年間生きてから「何とも訳の解らない状況で不意に姿をお消しになって」しまった、サー・サイモン・ド・カンタヴィルの魂である。夫人がサイモン卿に「お殺されになった」居間の一隅には、いまもその血痕が不気味な染みとなって残っている。話が進むにつれ、幽霊には数々の「成功談」があることも分かってくる。「『レッド・ルーベン、或は絞め殺された赤ん坊』としての最後の登場、また『痩せたギベオン、或はベックスリー沼地の吸血鬼』としての初舞台《デヴィユー》、麗しき六月の夕テニスコートで自分の骨を使って九柱戯に打興じた時に捲き起した熱狂」などなど。気絶、頓死、錯乱などを次々と引き起こしては一人悦に入っている。

　こんな幽霊に出くわしたオーティス家の人々は、実に勇敢に、いかにもアメリカ人らしいプラグマティックな対応を見せる。外交官である長男のワシントンは居間の血痕を「ピンカートン完全しみ抜き優良洗剤」であっという間に落としてしまう。二十一世紀の夜中にテレビの通信販売番組で盛んに宣伝されているようなアメリカの超強力洗剤がオスカー・ワイルドの時代にすでに全盛だったというのもびっくりな話だが、幽霊の血痕がそれであっさり落ちてしまうのも笑えるではないか。アメリカという国はよほどの染み名産地なのかと思いそうになるが、彼の国に住んだ経験のある私にも、なぜあれほど洗剤や染み抜きの開発に力が入れられるのかは解明できていない。

　さて、血痕を落とされた幽霊は一計を案じる。「昨今では本物の血を手に入れるのはなかなか骨の折れること」でもあり、長女ヴァージニア（十五歳）の絵の具を盗んでは根気よく血痕を修復するのだ。おかげで血痕の色は、鈍い赤、朱色、濃い紫色、鮮かなエメラルド・グリーンと「カメレオン」のような変化を遂げる。一番下の双子の兄弟は、廊下を徘徊する幽霊に枕を投げたり、階段にバターを仕掛けたり、豆鉄砲で幽霊を撃ったりと、学校での悪戯そのままのやりたい放題で溜飲を下げっぱなし。挙句の果てに、偽の幽霊を仕掛けられた本物の幽霊が肝をつぶすという冒頭の「事件」に至る次第である。

物語は後半で一気に感動的な展開になり、「天使」のような心をもったヴァージニアが重要な役割を果たしていくのだが、そこに進む前に、作品のテーマと思われる恐怖について考えてみたい。

ぼくはもう一度たずねた。「もしも、この地上に、われわれより別のものが存在しているとしたら、どうして、ずっと以前から、われわれがそれを知らずにいたのですかね？（中略）」修道士はこう答えた。「われわれは存在しているものの十万分の一も見ているでしょうか？　ほら、風が吹いているでしょう。風は自然の中でもっとも強い力のあるものです。風は人間を倒すし、建物をひっくり返すし、樹木を根こそぎにするし、海水を山のように盛り上げるし、断崖を突きくずします。（中略）でも、あなたはその風を見たことがありますか？（中略）でも、風はやはり存在しているのですよ」

（モーパッサン「オルラ」榊原晃三訳）

有神論、無神論を問わず、私たちはどこかで未知のものの存在を信じているところがあると思う。科学がすべてを解決してくれると確信している人でも、お盆には墓参してご先祖に心の中で語りかけるだろうし、訃報に接すれば故人の冥福を祈るだろう。これがすでに、未知のものの存在を認めている気持ちなのである。そしてこの未知との遭遇が、ときには神秘体験として、またときには恐怖体験として現れる。特に恐怖の場合、さまざまな背景や経験が作用するので、その種類は多様である。

このことに気づいたのは、私自身がいわゆる怪談に対して恐いと思うところと、他の人たちの恐がるところがまったく違う場合があることを知ったときだった。

たとえばこんなことがあった。子供のころ、怪談「耳無し芳一」をテレビアニメで見て、その恐さを色々な友達と語り合った。〝シーンレス〟の友達は、芳一を迎えにくる幽霊武者の鎧《よろい》の音や芳一を呼ぶ声が恐かったとしきりに話していた。私も、この放送で最も恐かったのは「芳一、芳一」と呼ぶ武者の声であった。あの声が、夜に「麻由子、麻由子」と呼びにきたらどうしよう。そもそも平家物語など語れない私に用はないはずなのだが、あのような声で呼ばれてしまったらと恐怖におののいたのである。

一方、同じ番組を見た目の見える友達は、芳一が耳を切られ、血が出た映像が恐かったと話した。この物語を採話したラフカディオ・ハーンは、流血発見の場面を生々しく膨らませて描写する。

急いですぐに裏の縁側の処へ行くと、何んだかねばねばしたものを踏みつけて滑り、そして慄然《ぞっ》として声をあげた——それは提灯の光りで、そのねばねばしたものの血であった事を見たからである。（「耳無芳一の話」戸川明三訳）

テレビでは、この血の場面がリアルに再現されていたのに違いない。映像は恐ろしかっただろうと想像できてもなお、私は映像よりも芳一の痛みのほうにリアルな感覚をおぼえた。そのため「耳無芳一」は、恐いより痛い話に思えた。このとき子ども心に、私の恐怖の源は映像などの視覚情報ではなく、音や痛みなど、身体感覚に訴える情報なのではないかと考えたのだった。

その印象がたしかであることは、大学時代にモーパッサンの「オルラ」を授業で読んだときに確認できた。

真昼間のようにものがよく見えるはずなのに、鏡にはぼくの姿が映っていないのだ！……鏡は空虚で、奥のほうまで澄んで、明るいのだ！　ぼくの姿はその中にはないのだ……

「とても恐い描写ですね」と低く静かに話された先生の語りは大変恐かったが、肝心の話については、どこが恐ろしいのかさっぱり分からなかった。鏡を見たのに自分の姿が映っていないということは、自分の姿が消えてしまったか、もしくは自分と鏡の間に何かが存在するかどちらかの現象が起きているからだ。主人公は生きて存在しているのだから、その姿が映らないならば、彼の姿を鏡に映させない何かがあることになる。それが「オルラ」というなぞの「生物」だと覚ったので、彼は恐怖したのだ。ここまで説明されて、初めてこの話の恐ろしさが理解できた。しかし、理解できたというだけで、未だにリアルな恐怖感として感じられてはいない。むしろ、ずいぶん理屈っぽい恐がり方だとさえ思ってしまう。

それよりも、私が恐かったのは、謎の存在に怯える主人公が自分の精神状態に対する疑念をどんどん深めていく過程であった。彼は、たしかに得体の知れない何かに悩まされているのだが、その姿が目に見えないために、自分の経験は錯覚なのではないかと考え、自分は心を病んでしまったのではないかと不安を募らせる。病気への不安、特に精神的に自分がどんな状態にあるのかという心配は、はっきりした基準がないだけに強いことだろう。誰しも、精神に打撃を受けたときには不安や悲しみが増大し、自分は平静を保てていないのではないかと危惧した経験はあることと思う。それを手がかりにすれば、「オルラ」の実在の有無に悩まされた主人公の恐怖が、「オルラ」と実際に対面してからのそれよりずっとリアルで、強かったであろうと想像できるかもしれない。モーパッサンは、こういうメンタルな不安を描くために「オルラ」を生み出したのではないかと思えた。

そんな経験もあって、カンタヴィルのサイモン卿と出会ったことで、私の中で少しずつ恐怖の実像が整理されてきた。

怪談の解説などにはよく、日本は仏教、西洋はキリスト教の影響があるので恐怖の種類が違うといった分析が書かれている。その一面はたしかにあると思うが、私は恐怖そのものの違いを種類分けするよりも、背後に存在するものによって違ってくる「恐怖の現れ方」を識別するほうが、恐怖の正体をより明確に分析できるような気がする。

私の分類では、それはまず感覚的恐怖と精神的恐怖に分けられる。精神的恐怖はさらに、文化や宗教などの背景別に分かれる。

感覚的恐怖は、細かく分かれることはなく、たとえばこんなものである。不思議話が大好きな私は、子供のころ、よく夏の心霊番組を見ては夜中に泣き泣き親の寝室に飛び込んだり、父にトイレについていってもらったりしていた。一番恐かったのは、あるテレビ番組で、心霊スポットにテープを持ち込んで録音したところ、いかにも恐ろしい「ウウー」という音が入っていた話だった。低いモーター音のような音質で、歌舞伎などのヒュウドロで流れるお化けの笛と同じ旋律であった。こういう音を「恐い」と認識している日本人の遺伝子が私を震え上がらせたのである。いま思い出してもぞっとする音で、当時カセットテープにいろいろな音を録音する遊びに夢中だった私は、録音を聞きなおすたびにあの「ウウー」が入ってはいないかとビクビクしたものである。そのうえ、心霊音は後から別のものを重ねて吹き込んでもぜったいに消えないのだと友達に脅かされ、ますます恐くなった。この恐怖の原因は、音の恐ろしさという感覚である。

だが、同時に精神的恐怖も作用している。それは、録音中には聞こえなかった音が吹き込まれていたという「未知」への恐怖、そしてその音の主に対する恐怖、さらにその恨みがそれを聞いた自分に祟《たた》りとして降りかかるのではないかという、現実的な危惧を含む恐怖である。中でも祟りは、前世からの因縁など仏教の因果応報の考え方に基づく畏怖的なもので、一般的な日本家庭に育った人にはある種の常識的感覚ではないだろうか。

こう考えてくると、多くの日本人にとって、恐怖の原因は「未知」と「畏怖」ではないかという気がしてくる。特に幽霊の場合、起こり得ないことが起きたり、私たちの力が及ばない霊力によって災いがもたらされるのではないかという不安がある。だから我々は幽霊を恐れ、ひたすら恐がりながら退散を願い、お祓《はら》いや盛り塩などの防御策を講じるわけだ。

この日本的な畏怖ベースの恐怖に対して、一方的な畏怖や祟りに起因しない、もうひとつの精神的恐怖がある。それが西洋キリスト教世界で描かれる「罪への恐れ」としての恐怖である。

カンタヴィルに話を戻そう。興味深いのは、サイモン卿の幽霊が「殺された夫人」ではなく「殺した主人」のほうであることと、彼が浮かばれない理由である。物語の最後に明かされるように、彼は妻の兄弟たちから妻殺しの復讐を受け、餓死させられた。日本的な感覚であれば、幽霊になるのは主人よりも、主人に殺された妻のほうであろう。百歩譲ってサイモン卿が幽霊になったのを認めるとしても、その理由は餓死させられたことへの「恨み」と捕らえたくなる。ところが、まったく違うのである。

幽霊と正対した長女ヴァージニアは、幽霊がこれまでずっと、餓死させられた悲劇の主人公という役割に引きこもり、夫人殺しを正当化する言い訳にしてきたことを一言で否定し、臆せず正論をぶつける。

「あなたとても悪い方じゃありませんか。（中略）奥さんを殺してしまったのでしょう」（中略）

「相手が誰だろうと人を殺すなんてとてもいけないことだわ」

それまで虚勢を張っていた幽霊は、ようやく自分の所業に目を向け、それを指摘してくれた少女に心を開き始める。そして、自分が餓死させられたこと、三百年もの間眠っておらず、もう疲れ果てたことなどを打ち明けるのだ。ヴァージニアはそれを聞いて深く心を痛め、幽霊に請われるままに生死の境界に赴いて卿の成仏を手助けする。「悪いことをしたのだからどんな罰でも受けて当然よ」などと言い放ったりはしない。彼女にとって、幽霊であってもおなかを空かせたり眠れないのは人道の視点から可哀そうなことであり、罪人であっても復讐のために餓死させられることは気の毒であり、幽霊に対する人権侵害である。だから涙を浮かべて憐憫《れんびん》を表し、眠れない幽霊を安らかに眠らせてあげようと決意する。それは、人間にとって最も恐ろしい世界の一つとも言える「未知」に自分から飛び込む決意にほかならなかった。その決意は、どんな悪魔も清らかな少女の心を傷つけることはできないからおまえは安全だという幽霊の言葉を信じたこと、いわば幽霊を一人の人格として認め、信頼関係を結んだことに立脚しているのである。

注目すべきは、すべてが終わった後のヴァージニアの言葉である。

「とても悪い人でした、でも自分のしたことを心から悔いていました、(中略)」

「神様があの方をお許しになったのだわ」

これを読むと、サイモン卿が幽霊になったのは、「餓死させられたこと」への恨みのためではなく、「天国に入れなかった」罪の結果のためであることが分かる。彼は、恨みなどによる自由意思で幽霊になったわけではなく、幽霊になるしかなかった。しかしそれは、罪を悔い改めれば赦《ゆる》され、幽霊をやめて天国に行けるということでもある。こう考えれば、殺された夫人が恨みを残してさ迷っていないことも説明できる。夫人は被害者なのですべての罪を赦されて天国に受け入れられた。だから幽霊にならなかったのである。

こういう発想で成立した「カンタヴィルの幽霊」には、夫人の無念や卿への恨みといった感情は存在しない。あるのは神の赦しと、神が赦せば夫人も彼を赦したことになるという聖書の教えである。この話では、恐怖の対象は幽霊そのものではなく、罪ということになるのだ。

比べてみるならば、日本人的な恐怖では対象物の存在自体を恐れるのに対し、西洋の人々にとっての恐怖は、相手を「克服すべき存在」と認識することなのかもしれない。では、恐怖と、その原因の関係はどうだろうか。キリスト教徒が唱える「主の祈り」に「私たちの罪をお赦しください……私たちを誘惑に陥らせず、悪からお救いください」とあるように、キリスト教徒にとって、人生最大の目標は罪への誘惑を免れ、あるいは犯してしまった罪を赦されて天国に入ることともいえよう。それを阻害する要因が、幽霊や悪魔など、克服しなければならない存在である。克服しなければならないから、恐怖は、一種の闘争心としても現れる。これを、ある知人の神父様は「私たちの弱さの原因」と表現し、プロテスタント信者の友人は「罪や悪魔への心理は恐怖というより緊張感」と表現した。

なお、キリスト教世界では悪魔が最大の恐怖要因と見る見方もあるが、実際にはあちらの国々でも幽霊は恐がられているし、呪詛や黒魔術といった「裏」の恐怖も存在する。日本でいう妖怪変化の類については、イギリスの妖精や地下の住民、魔法使いたちのように、被征服者が変化した超自然的存在がその位置を占めている。素朴な次元では、必ずしも悪魔だけが恐怖の対象とはいえないと私は思っている。八百万の神様と絶対者としての人格神との違いから多少の差はあるにせよ、精神的恐怖のおどろおどろしい部分については、人類共通の部分がある気がするのである。ただ、多神教もしくは仏教の世界と絶対神世界との間では、前世や罪といった優先順位の違いからくる恐怖の対象と、それへの対応策に明らかな違いがあるとは感じるが。「罪」を別の言葉に置きかえれば、イスラム世界で語られている恐怖になるかもしれないし、さらに別のものに置きかえれば、儒教社会やアニミズム社会の恐怖も定義できるかもしれない。

恐怖について、もうひとつ興味深いのは、恐怖の対象は、その実在を認めた瞬間に恐怖ではなくなる場合があることである。サイモン卿がオーティス家の面々に恐がられなかったのは、単に現実主義の国の人々が幽霊など信じなかったからだけではなく、家族全員が卿の存在を現実として認めているからでもあると思う。認めているから、彼らは卿を一人の人格として扱う。夜中の徘徊は止めないが手錠と足枷《あしかせ》の鎖の音がうるさいからこれを使ってくれといって「タマニー日の出印潤滑油」を進呈したり、「あなたさえお行儀よくなさって下されば、誰も意地悪など致しません」と言葉をかけたり、もちろん双子の悪戯だって、相手の存在を認めなければ成立しない。余談だが、階段に仕掛けをして幽霊が引っかかるとしたら、やはり西洋の幽霊には足があるのだ、と感心したことも面白かった。

日本でも、落語「皿屋敷」では、恨み骨髄のお菊さんの幽霊を「見物」しにいく若者連中がお菊さんと普通に話をするし、同じく「竈《へっつい》幽霊」では主人公が幽霊と博打を打つ。どちらの噺も、最初は恐怖の対象だった幽霊が、人と話すようになるといつのまにか普通に存在する人格として認められ、恐がられなくなっていくのである。この時間の境界のあちらとこちらで、恐怖と滑稽は常に紙一重の関係にあるのである。

どう大別されるにせよ、私は、人間には恐怖の一つや二つ必要なのではないかと思う。英知を授かりながらも過ちを犯すという限界を持つ私たちは、自分の力の及ばない何かがいてくれなければ、果てしなく傲慢になる危険があると思うから。

とはいいながら、恐い話は、やはり怪談のなかだけで勘弁していただきたいものである。

ハリー・ポッター
「存在」の価値を追求した勇気のファンタジー

「最後に、一つだけ教えてください」／ハリーが言った。／「これは現実のことなのですか？　それとも、全部、僕の頭の中で起こっていることなのですか？」／ダンブルドアは晴れやかにハリーに笑いかけた。（中略）／「もちろん、きみの頭の中で起こっていることじゃよ、ハリー。しかし、だからと言って、それが現実ではないと言えるじゃろうか？」（J・K・ローリング「ハリー・ポッターと死の秘宝」松岡佑子訳）

点訳ボランティアさんから、英語の点字の練習に打ってみたので読んでくれませんかと連絡をいただき、ハリー・ポッターシリーズの第一巻（「ハリー・ポッターと賢者の石」）を英語で読んだ。そんなご縁で、このシリーズをすべて読み、第一巻を含め一部の巻は英語の原文で読んだ。

作品に対するさまざまな批評や私自身の思考を経て、この超大作は、愛読作品の一つとなった。それはこの作品が大ベストセラーだったからというより、読み方によっては現実以上に明確なリアリティと強いメッセージに貫かれていたせいではないかと思う。

額に稲妻の形をした謎の傷をもつハリーがホグワーツ魔法学校に入学した年、自らをヴォルデモート卿と呼ぶ謎の魔法使いトム・リドルが死の世界から復活する。ヴォルデモート卿は、人間（マグル）はじめあらゆる被造物の上に君臨する世界を築き、闇の帝王として支配することを狙い、殺戮《さつりく》を繰り返してきた恐ろしい人物である。その復活から、ハリーはこの宿敵との対立と結びつきという、両極端の運命に向き合うことになる。占い師トレローニーの予言の通りヴォルデモートに襲撃されたポッター家で、まだ一歳だったハリーは母親の命と引き換えに一命を取りとめ、「生き残った男の子」として魔法界で有名になる。しかしハリーは、彼の庇護者《ひごしゃ》となるホグワーツのダンブルドア校長の計らいで守りの呪文をかけられてマグルである叔父《おじ》の家に預けられ、自らの数奇な運命のことも、その知名度のことも、十一歳の「学齢」でホグワーツにやってくるまで知らなかった。

そんなハリーは、ホグワーツ入学直後にヴォルデモートの復活を知らされ、自分の生涯の目的を悟った。次々と真実が明らかになり、できることなら受け入れたくない運命がどんどん現れてくる。そして最後にハリーが自らの運命に「死」が関わることを受け入れたとき、ダンブルドアが一縷《いちる》の望みをかけた奇跡が実現する。

汗に悲しみを包み込み、傷痕の痛みを撥《は》ねのけて、ハリーは固く冷たい土を掘り続けた。暗闇の中で、自分の息と砕ける波の音だけを感じながら、ハリーはマルフォイの館で起こったことを考え、耳にしたことを思い出していた。すると、闇に花が開くように、徐々にいろいろなことがわかってきた……。（同前）

読む傍《はし》から景色や心理状態を体感させたり、ハリーの感じた手触りや温度が細やかに伝わってくるような独特の表現が全巻の随所にちりばめられたこの長大な作品は、ファンタジーでもあり、ミステリーでもある。

私がハリーと最初に出会ったのは、偶然通りかかった映画館にふらりと入って第一巻の映画（『ハリー・ポッターと賢者の石』）を観たときだった。賢者の石を探し、クィレル教授の体を借りて復活したヴォルデモートと戦うことを決意したハリーの勇気と、それに奮い立たされてロンがハリーとの友情を結び、力を合わせるようになる瞬間は忘れられない。後に読んだ本の原文では"That's chess! (……) You've got to make some sacrifices!"（これがチェスなんだ！　犠牲を払わなくちゃ！）となっている。

ロンがチェスに明るくないハリーに、初めてはっきりとイニシアチブを示し、支援の手を差し伸べる場面だ。三人の親友のなかで紅一点のハーマイオニーは、細やかな気遣いで知識を補う一方で、「女の子」によく期待されるイメージとは程遠い大胆な決断と行動力でハリーとロンの窮状を救っていく。

魔法界のリアリティには驚きを通り越して感服した。たとえば箒《ほうき》に乗って空を飛ぶという魔法使いの常套《じょうとう》手段一つとっても、私たちが考えているような簡単なものではないようだ。まず箒を地面から浮かび上がらせ、そのうえに上手にまたがらなければならない。晴れて飛べるのはそれができてからなのだ。箒がうまく宙に浮かばなかったり、浮かんだ箒にうまく乗れなかったり、乗れたハリーがクィディッチの名シーカーになったりと、ストーリーはめまぐるしく展開していく。

巻が進むにつれてハリーたちが使える、あるいは使ってもよいと許可される魔法が高度になったり、成人になるまで「姿現し」と「姿くらまし」を使ってはいけないために困難が生じたりもして、魔法そのものの決まり事も実にリアルにできている。その魔法を、ホグワーツ生全員がごく普通に使うので、現実にそれが起こったとしてもまったく違和感がなさそうに思えるのだ。本を読んでいないときでも、杖《つえ》を上げて「アクシオ」といえばほしいものが手元に飛んできてくれるような気がしたし、「プロテゴ」と叫べば危ないものと私の間に見えない盾ができてくれるような錯覚に陥ってしまう。私もお誂え向きに本当に杖をもっているので、うっかりハリーのことを思い出しながら歩いているときなど思わず杖を上げて呪文を唱えてしまいそうになった。

杖といえば、魔法の杖もただの道具ではないらしい。

「――それなら、この杖はあなたのものであるかもしれない。（中略）杖を勝ち取ったのであれば、杖の忠誠心は変わるじゃろう」（中略）

「杖が魔法使いを選ぶのじゃ」オリバンダーが言った。

（同前）

杖作りの老人オリバンダーの店でハリーが不死鳥の羽を芯に持つ柊《ひいらぎ》の杖と出会う瞬間は、子供時代に初めて白杖をもらった日のことを私に思い出させた。マグル界では、長さや太さ、材質、重さなど、手にもった感じや操作性で人が杖を選ぶが、魔法界では羨ましいことに、主人に一番合った杖が意思表示をしてくれる。杖と魔法使いは、そうやって特別な絆で結ばれている。ちょうど、白杖が私の体の一部であるように。

この巻では、その杖が折れてしまう。ハリーの不安と恐怖は如何ばかりか。友達の助けはあっても、最終的にはたった一人でヴォルデモートと戦っているのに、その最大の武器であり、命の護《まも》り手《て》であり、おそらくは、ヴォルデモートの杖との「双子の関係」によって勝利への希望となるかもしれない杖を、失ってしまったのだ。

折しもハリーの杖が折れた場面をＩＣレコーダーに吹き込まれた朗読で聞いた直後、

電車を下りた私の目の前を突っ切った人に躓《つまず》かれて私の杖も折れた。杖に頼らない方にはお気の毒にといった程度の感覚かもしれないが、〝シーンレス〟は杖が折れたら一歩も歩けず、命が護れなくなる。

ハリーも、杖が折れて命が護れなくなった。そう思うと、ハリーの心許《こころもと》なさが身にしみた。それだけに、最後にニワトコの杖によって不死鳥の杖が元通りになったとき、ハリーが感じた手ごたえは私の日常の感触として伝わってきた。


ハリーは折れた杖を校長の机に置き、ニワトコの杖の先端で触れながら唱えた。／「レパロ！　直れ！」／ハリーの杖が再びくっつき、先端から赤い火花が飛び散った。ハリーは成功したことを知った。ハリーが柊と不死鳥の杖を取り上げると、突然、指が温かくなるのを感じた。まるで杖と手が、再会を喜び合っているかのようだった。

（同前）


ぴったり体に合った杖は、あたかも自分から手のなかに入ってくるかのようだったことだろう。このように、物さえ含めて行間に込められた命の躍動が実感として伝わってくる表現は、この作品の大きな楽しみである。

評論好きな大人たちは、この物語は過去にあったモチーフを上手に組み合わせただけだとか、ビジュアル的でリアルな魔法の再現がゲームソフトのようで安っぽいといったことを口にしたりする。ファンタジーの古典と言われる「指輪物語」などの作品と比較して、ときとして懐疑的な感想も聞かれる。英国人の友人によると、本国では魔法には「黒魔術の要素がある」とされることから、よい子に読ませる作品としてはいかがなものかという論争もあるという。

たしかに魔法にはそんな危険な面が付き物だろう。実際にニコラス・フラメルという名前を使って十四世紀に実在した錬金術師ニコラ・フラメルを連想させたり、錬金術の世界では水銀から作られるとも信じられた「賢者の石」(どんなものでも黄金に変え、永遠の命をもたらす)が直接のモチーフになるなど、黒魔術を連想させる言及がないとはいえない。その世界に詳しい方が読めば、さらに多くのモチーフが見出されるかもしれない。また、この作品の成立には、「指輪物語」、「ナルニア国物語」、「ゲド戦記」の三大ファンタジーが大きく影響していると思う。しかし、それだけではないとも思う。

作者J・K・ローリングがこれらをどの程度意識していたかは別の問題であることを踏まえて検証してみると、たとえば「指輪物語」に出てくる「水盤の鏡」。これは魔法によって過去の記憶や出来事(「指輪物語」では未来)が見える特殊装置という点で、ホグワーツの「みぞの鏡」と「憂いの篩《ふるい》」の発想につながるように思える。人間とゴブリンが信頼し合えそうでそれができなかったという共通点も面白い。そのことを、ハリーの親友ロンの兄であるビル・ウィーズリーは、こう説明する。

「（前略）小鬼の所有や代償、報酬に関する考え方は、ヒトと同じではない（中略）一部の小鬼の間には（中略）金貨や宝に関しては、魔法使いは信用できないという不信感がある」（同前）

ほかにも「姿現し」という言葉や、暗黒戦争、蛇、石といったモチーフ、「七つの指輪」の発想と「七つの分霊箱」（魂を分離して魔法によって込めておくもの）の概念も、どこか通じるところがあるように思う。

しかし、これらはモチーフの類似性というより、ローリングの発想の背景と見るべきではないだろうか。なぜなら、こうした類似性があったうえでも、ローリングが描いた魔法やその法則、杖や箒の性質、魔法の限界などのリアリティには、誰にも真似のできないオリジナリティーがあると感じられるからである。何より、魔法世界が現代世界と並存し、実際につながっているという読者直結型の設定は、「指輪物語」や「ゲド戦記」にはみられない現代的な特徴である。その意味で、「ハリー・ポッター」は一連のファンタジーの集大成、あるいはファンタジー文学を完成の方向に導くひとつの歴史的作品ではないかと思える。

神学者として知られるC・S・ルイスが著した「ナルニア国物語」はキリスト教的だと言われるが、西欧の良き価値観を含めた道徳的もしくは哲学的な面を広い意味で「キリスト教的」と呼ぶならば、ハリーの心に流れる価値観もキリスト教的といえよう。広義に見れば、「ナルニア」と「ハリー」の価値観には通じるものがあるだろう。

観念してヴォルデモートの行く手に自らを投げ出しさえすれば、きれいに終わりが来る。（中略）すべてが終わった。ハリーにはそれがわかっていた。残されているのはただ一つ。死ぬことだけだ。（同前）

イエスは、死の後に「復活」があることを「父なる神」から告知されており、処刑をそこに至る過程（苦い杯）と認識する。対してハリーは、生き残れると信じていたのに、最終任務はヴォルデモートと相打ちになることだったとだけ知らされ、その後については知らないままに死を受け入れなければならなかった。その意味で、作者はハリーにイエスよりも厳しい試練を課そうとしたのかもしれない。試練の厳しさは一人ずつ異なるので、比較しても無意味ともいえるのだが。親友たちだけでなく、直接関わりのないマグル全員と、現世の宿敵ともいえるドラコ・マルフォイまで含めたすべての人間を護ろうとしてヴォルデモートの死の呪いを杖なしで受け止めたハリーは、人類救済を目指し、自分の十字架を背負ってゴルゴダの丘を登ったイエスと同じく、愛と犠牲的精神に満ちた心境だったとも解釈できると思う。

魔法界には神がいないらしく、ホグワーツでは聖書も神学も教えられていないように書かれている。だがよく読めば、作品の舞台はキリスト教が文化の中心であるヨーロッパであり、夏休みのほかに生徒たちが帰省できるのはクリスマスとイースターというキリスト教の休暇シーズンであり、羊皮紙、印刷機など魔法世界で使われている種々の道具の大半は、キリスト教世界で発明されたものである。こうした背景からも、作品の根幹にキリスト教的価値観が流れていると考えてもまったく不自然ではないように思う。もちろん、これをキリスト教的と限定せず、人類共通の「良き価値観」と考えることもできる。ただ、最終場面でハリーが「人を救うために死ぬという犠牲をいとわない」という価値観には、どうしても「友のために自分の命を捨てること、これ以上に大きな愛はない」（ヨハネによる福音書十五章十三節）というイエスの言葉が重なってくる。ローリング自身の、あるいは氏が作品に託した価値観がどれだけキリスト教的だったか、そして、そもそもそうさせたかったかどうかにかかわらず、この場面からあの聖句を連想した読者はいたのではあるまいか。そう考えると、この作品も「ナルニア国物語」同様、良き価値観にゆるぎない根拠をおいた心の教育書と言うこともできるだろう。

しかし、説教臭いという意味ではない。むしろ、そういったことを一切書かず、神や救世主といった言葉も使わず、失敗や挫折や愚直さによってしょっちゅう行く手を阻まれたり、期せずして自殺行為を犯したりしてしまうハリーの生き方を通して、真理を描き続けたところに作者の功績がある。まさにそのことが、私をこの本にがっちりつかみ込んだのだった。

ところで、「ゲド戦記」と「ハリー・ポッター」には、ファンタジー世界における歴史の作り方で共通点があると思う。「ゲド戦記」の作者ル・グウィンは、五冊の戦記を完成させた後で追記した「ゲド戦記外伝」なるアースシーの歴史物語のまえがきで、「実在しない歴史をさぐるには、物語っていって、何が起こるか、見きわめるしかない」と述べている。

「ハリー・ポッター」全巻を通じて提示されては説き明かされていく人物たちの過去や歴史は、作者の予想外の展開も見せたようだ。訳者のあとがきを読むと、巻によっては半分も書き直したところさえあるという。魔法界とハリーたちの人生は、まさに検証し、観察することで明らかになったのだ。そして、欲望に取り付かれて歴史を客観的に観察できなかったヴォルデモートは、「死の秘宝」の実在を認識しないまま、その一つである「蘇《よみがえ》りの石」を分霊箱にするという致命的なミスを犯すのである。

一方ル＝グウィンは、同じまえがきのなかで「商品化されたファンタジー」についてこう分析する。

人びとはゆるがない確かなもの、遠い昔からある真実、変わることのない単純さを、ファンタジーの領域に求めるのである。すると（中略）ファンタジーはひとつの商品となっていく。（中略）商品化されたファンタジーは、昔からある物語から知的で倫理的な奥の深さを消し去って（中略）作品はひたすらかわいく、安全なものになっていく。すぐれた物語作者たちの、読者の心を熱く揺さぶった発想あるいはものの考え方はまねされ、やがてステレオタイプ化されて（中略）きれいな色のプラスチックにかたどられ（中略）売られ、こわされ（中略）ほかのものに置き換えたり、取り替えたりされていく。

（「ゲド戦記外伝」清水真砂子訳）

世界的なベストセラーになり、映画も大当たりという未曽有の栄誉に浴したハリーの物語に深みがないと思う方は、ハリーの商品化はこの指摘の通り実現したと思うかもしれない。たしかに、羊皮紙の世界に生きる人々が闇の帝王と戦っている同じ時間に、ハリーの従兄弟ダドリーは「プレイステーション」で遊び、ホグワーツ特急はマグルの駅の一角で発着する。ファンタジーのなかに私たちに限りなく身近なものが登場し、ル＝グウィンのいう「きれいな色のプラスチック」のように現代の読者との接点を作っている。

しかし読み込んでみると、ハリーの世界にはル＝グウィンがファンタジーに不可欠としている「絶対不変」の時間がしっかり流れていることが分かる。魔法世界、マグル世界を通して、物語には最後までインターネットと携帯電話を連想させるものが登場しない。第一巻が世に出た一九九七年、インターネットはまだ今ほど普及しておらず、多くの人が食事をするようにマウスをクリックする時代ではなかった。しかし、ハリーがチョウ・チャンとのポップラブを経験し、ハーマイオニーが屋敷しもべ妖精の人権擁護に目覚めている間に、マグルの現実世界ではインターネットが途上国を含めて地球規模で驚異的な普及を遂げた。私にすればこれも一つの魔法のようなものであり、バーチャルという意味でファンタスティックなパラレルワールドとも解釈できる。ペンで文字が書けない私がいまやパソコンでやすやすと文字を書き、封筒の宛名書きで苦労もせずにボタン一つ押して世界中にメールを送ることができ、人に頼んで調べてもらうしかなかった辞書を音声パソコンでネットから読み取ることができるのだ。ペンと翼と目を一遍にもらったような気分だ。この感動はハリーが魔法の箒をもらったときのそれに匹敵する。携帯電話とスマートフォンについてはもはや言を俟《ま》たない。

けれども、これほど現代のロンドンに直結していながら、ハリーの世界に電子メールはない。あるのはふくろう郵便にシリウスの鏡、守護霊からの口頭の伝言などである。ゲーム好きのダドリーも、インターネットに夢中になってはいない。自動車や電話など人間界の文明の利器がごく自然に登場していながら、現実世界に最大級の影響を与えている情報技術（ＩＴ）がほとんど取り入れられていないのである。作者は、ネットという現代最大のバーチャル世界をあえて取り入れないことで、魔法世界に流れる時間を、バーチャルとの混乱のないリアルなものにしようとしたのではあるまいか。

次に、この作品が私の心を打った最大の価値観に触れたい。それは「存在することの価値」である。

　ハリーは体を起こした。起こしながら、自分の生身の体を感じ、自分が生きていることをこれまでになく強く感じた。自分がどんなに奇跡的な存在であるかを、これまでどうして一度も考えたことがなかったのだろう？　（「ハリー・ポッターと死の秘宝」）

読みはじめから深く感動したのは、ローリングが一つの強い価値観を持ちながら、それに敵対する登場人物を安易に打ち負かさないことだった。ハリーと友達は、もちろん「善いもん」である。対して、（スネイプは別格として）一連の死喰《しく》い人《びと》は「悪もん」である。

しかしローリングは、「悪もん」にもちゃんと一つの世界を与えている。彼らの中にも愛と信頼があり、家族の絆、師弟の助け合い、敬意や犠牲が存在する。「悪もん」のなかにある「善きもの」が無視されていないのだ。

ドラコの母親であるナルシッサは、息子に会うためにハリーの死さえも利用する。死んだふりのまま彼女の「死亡判定」を受けるハリーの心臓がしっかりと鼓動しているのを確かめると「ドラコは生きていますか？　城にいるのですか？」と耳打ちするのだ。父親代わりでもあったダンブルドアの殺害を企て、あらゆる手段を講じてハリーの邪魔をしてきた純血のスリザリン寮生のことなど、彼にはどうとでも言えたはずである。だが、彼は「ええ」と「囁き返した」。ナルシッサは感謝も表さず、我が子のいるホグワーツ城へ入りたい一心で「死んでいます！」と偽りの判定を下す。

この場面で、私はハリーが本当に心ある人間だったことをあらためて実感した。宿敵であるドラコに対してさえ、その母の深い母性愛を理解し、尊重した。自分の死さえも利用するナルシッサを、善良な母性愛ゆえに黙って赦したのだ。ここでもまた、自分を磔《はりつけ》にした同胞を赦したイエスの振る舞いが連想される。

一方、存在というのは、その普遍性と価値を持つとともに、一度失われたら二度と取り戻せない冷酷なものでもある。死んだ人は二度と帰らない。ボタンを押してリセットすればまた生まれるわけでもなければ、ヴォルデモートが死んだからといってゾンビのようにゾロゾロと復活してくるわけでもない。ダンブルドアやシリウスのようにハリーにとって大切な存在がけっして戻らなかったことを、私は忸怩《じくじ》たる気持ちで読み進んだのだが、同時にこれが「存在の真の姿」なのだとも悟らされた。「ハリー・ポッター」の主要読者層となった子供たちは、この「存在の価値と現実」をどう受け止めていいのだろうか。知人のお嬢さんが小学生時代を通してハリーの物語を夢中で読破したと聞いて、感想を聞いてもらってみると、ハリーとともに最も胸が張り裂けそうになったのはダンブルドアの死だったと話してくれた。その思いに心が揺れて「本を読んで初めて泣いた」というのだ。私が一番悲しかったのは、名付け親であるシリウスの死だったのだが、悲しみの本質は彼女と変わらなかったと思う。最も大切な人、特に庇護者が「不条理な死」を遂げ、二度と戻って来ない「存在の現実」に深く傷ついたのである。

正直なところ、「そこまでやるか」という気がした。彼女のような小さな子たちに、ここまで厳しい現実を見せて大丈夫なのだろうか。しかし、彼女は驚くほどしなやかにダンブルドアたちの死を乗り越えた。小学校でハリーの呪文をおぼえては仲間同士で掛け合ったり、ハリーについて「語る会」を開いたり、あの暗い試練を読んだのにとても「楽しかった」と言ってのけた。子供だから甘い話が必要なのではない。人間として、死をも含めた実存というものを直視したローリングは、やはりフェアな作者といえるだろう。

大人の女性である友人は、ヴォルデモートが復活したら彼らも生き返ると期待したと話した。そう願う日本人は多いかもしれない。しかし、存在とはそんな甘いものではない。ローリングは、あえて死者を蘇らせないことで、またその効力をもつ石をハリーに落とさせることで、取り返せない存在の価値というものを示したのではなかろうか。

ところで、存在の価値を考えるとき、勧善懲悪について触れておく必要があると思う。

「(前略) 僕を殺そうとする前に、忠告しておこう。自分がこれまでにしてきたことを、考えてみたらどうだ……考えるんだ。リドル、そして、少しは後悔してみろ……」(中略) これほどヴォルデモートを驚愕《きようがく》させた言葉はなかった。ハリーは、ヴォルデモートの瞳孔が縮んで縦長の細い切れ眼になり、眼の周りの皮膚が白くなるのを見た。／「最後のチャンスだ」ハリーが言った。「おまえには、それしか残された道はない……さもないと、おまえがどんな姿になるか、僕は見た……勇気を出せ……努力するんだ……少しでも後悔してみるんだ……」

(同前)

この期に及んで、ハリーはなお、ヴォルデモートに後悔（"remorse"＝罪への反省)、ずばり回心の機会を与えている。回心、キリスト教の根幹を成す価値観である。これを行えば、人間に対するあらゆる罪が赦される。ハリーは敵のナルシッサを赦したばかりか、母の仇であるヴォルデモートさえも、後悔すれば赦すと表明した。それも、懲らしめて言わせるのではなく、対等な立場で公平に説得する。ここが、桃太郎式の一方向の勧善懲悪と大きく違うところである。

　一方向の勧善懲悪の物語を書くのは簡単である。桃太郎が鬼どもをこてんぱんにやっつけるのは心地よい。しかし、そんなに単純なものだろうか。桃太郎の退治した鬼は、悪いやつらに違いはないだろうが、良いことを一つもしない極悪非道100％の輩だったのか。彼らにも生活があり、家族がいたのではないのか。それをすべて無視して、悪いことをしたからといって問答無用で皆殺しにする。子供への教訓にはしばしば見られる単純化だろうが、実際には善悪の本質がそんなに単純に決着するものではないことは、当の子供でさえよく知っている。

　ハリーも最後はヴォルデモートをしとめているので、この物語も勧善懲悪の一形態と言われるかもしれない。しかし、厳密に言うとハリーは「エクスペリアームス！　武器よ去れ！」の呪文でヴォルデモートの死の呪文を迎え撃ち、結果として、それに撥ね返された自分の死の呪文を浴びたヴォルデモートが負かされている。ハリーはヴォルデモートを殺す運命にあると知りながら、最後まで殺人そのものは行なっていないのである。なぜなら、ハリーは知っているのだ。「悪もん」も「善いもん」も同じだけの存在理由が与えられていることを。あのヴォルデモートでさえ。知人のお嬢さんもそこを感じていたものか、「ヴォルデモートは死んでよかったけど、ちょっとかっこいい」と話していた。なお、映画では、私が一番期待した最後の説得場面は省略されていたようだ。映画の中でも、ハリーにはぜひ「最後のチャンスだ」と、あのせりふを決めてほしかったと思う。

私は、現実を直視し、ハリーの赦しを通じて人の存在に価値をもたせたローリングの手法を「フェアプレー型勧善懲悪物」と名づけたい。

翻訳に携わる者として、私はこの作品の翻訳も楽しむことができた。ルーナの父親が誘拐された娘を救おうとハリーを裏切って死喰い人を呼び寄せたとき、ハーマイオニーがハリーに "Do you trust me, Harry?" と尋ねる。訳者の松岡佑子氏は「私を信じてくれる?」と訳している。原文に「くれる」のニュアンスはないので、直訳して「私を信頼する?」ともできたし「私を信じる?」「私が信頼できる?」などともできたが、あえて「くれる」という女の子らしい言葉遣いを入れることで、ハーマイオニーの優しさと決意を含ませている。

最終巻でハリーがハーマイオニーとの関係をロンに説明するところは「妹みたいな人なんだ」と訳されている。しかし原文は "She's like my sister." で「姉」とも解釈できる。女性らしくはあっても、ハリーとロンを大きな愛情で包み、大胆な決断によって導いている彼女のことを、私は姉的存在として読んでいた。松岡氏は、勝気で愛らしい彼女を、少年たちにとっての「妹」と解釈されたようだ。これも面白い現象であった。

松岡氏は"house elf"（家妖精）を「屋敷しもべ妖精」と訳すなど、一語読んだだけでその姿や立場が分かる「特殊用語」も数多く生み出している。これらの特殊用語は、魔法世界を作り上げる上で大きなウェイトを占めている。これらをいかに巧みに、原文らしくまた日本語らしく訳せるかで、翻訳における勝負の何十パーセントかが決まってしまう。松岡氏はこの例のように、ときとして原文そのままではないニュアンスを入れ、氏の解釈に基づく訳語を使っているので、日本語と英語を同時に読むとたまさか若干の違和感をおぼえることがある。だがそれは、読者に影響するようなものではなく、むしろその解釈によって、英国で暮らしたことのない日本人読者にもすっきりと理解し、感じられる「もう一つの世界」として仕上がっていると思う。

ただし、こんな名訳でも私の勘違いを正せない落とし穴があった。それは杖である。私は魔法の杖も自分の白杖のように長いものだと漠然と思い込んでいた。ところが、ハリーの杖は十・五インチ（約二十六センチ）。ローブのポケットにスッポリ入る。日本語ではどんな杖も「杖」と呼ばれるので、言葉を聞いてもこの区別が分からない。だが、原文を読んでさっぱりした。私たちの杖は"cane"、ハリーたちの杖は"wand"なのだった。

この本は、次々と起こる困難やそれらの克服、友情や恋愛、学校や寮を舞台に繰り広げられるスポーツや日々の出来事など、息つく暇なくワクワクする展開の面白さによって哲学がかすんでしまう面があるので、後世には残らないという声もある。しかし、ハリー愛好家の子供たちに話を聞いてみると、彼らは「ハリー世代」としてこの物語をしっかり胸に抱いて育っていることがよく分かる。さまざまな見方があるにせよ、この物語はやはり、世界の人々の胸のなかに確実に残っていくのではないかと思えるのだ。もちろん、私の胸のなかにも。

「龍は眠る」「楽園」
未知と記憶に向き合う宮部文学

我々は身体のうちに、それぞれ一頭の龍を飼っている。底知れない力を秘めた、不可思議な形の、眠れる龍を。そしてひとたびその龍が起きだしたなら、できることはもう祈ることだけしかない。／どうか、どうか、正しく生き延びることができますように。（中略）／私の内なる龍が、どうか私をお守りくださいますように――

（「龍は眠る」）

宮部みゆき氏の作品が読者を惹《ひ》き付ける要因には、ミステリーの面白さそのもののほかに、宮部世界特有のテーマがあると思う。今回は、未知、記憶、弱き者への思いの三つのテーマに光を当ててみたい。

冒頭の引用は、「龍は眠る」の最終場面の一節である。物や人間を見たり触れたりすることにより、記憶を読むことができるサイコメトラーの能力をもって生まれた少年慎司。その能力を信じる両親と、最初はまったく信じられなかったがやがて認めていく雑誌記者の高坂。同じ能力を持ちながらその扱いに対する自分なりの答えを見つけられないまま、一人の女性のために命を捨てていった青年織田直也……。この作品は、いわゆる超能力をきっかけに、人が記憶や未来、そして現実とそれぞれの方法で向き合っていく切実な生き様を丁寧に綴った物語といえる。

作品では、大雨で道路に溜まった水を流すため二人の若者が蓋を開けたマンホールに子供が転落して死亡するという事件と、高坂との結婚が破談になった女性小枝子が狂言誘拐事件に巻き込まれ、あわや殺害される寸前の事態となるという二つの事件が中心におかれている。それに向き合うなかで、慎司や直也のほか、化学工場の爆発で声を失った三村七恵という弱者の立場にある人物の生き方と心理が、細やかに描かれていく。この延長線上にあると感じられる「楽園」を読んだとき、私のなかで「龍は眠る」と「楽園」に流れる宮部世界がはっきりした輪郭となり、氏が取り組んでいる三つのテーマと、それらに対する考えも詳《つまび》らかになってきたのである。

闇のなかに一輪、とり残されたように、名前も知らない白い花が咲いている。神経を集中するために、それに目を据えて、ひとつ深呼吸した。（中略）／やがて、驚く

ほど明瞭に、頭の奥で声が答えた。（中略）／後頭部の辺りがじわっと痺れるようになってきた。（同前）

サイキックな直也と高坂が、初めて言葉を介さない直接の「交信」を行った場面の描写には、真に迫るものがある。何かに意識を集中したとき、たしかに頭のどこかが締め付けられ、しびれるような感覚に襲われるのではあるまいか。「啓示」を受けたと感じる瞬間さえある。サイキック状態の描写は、宮部氏自身がそんな経験をなさったのではないかと思えるほどリアルである。

私自身はサイキック体験はないが、集中とそれに伴う特有の感覚についてなら人並みには心当たりがある。絵を描くとき、家事や仕事をするとき、文章を書くとき、歩いているときなど、集中にはいろいろなタイプがあるが、私が経験したなかで宮部氏のサイキック描写に最も近いと思われる集中感覚は、ピアノの演奏、特に本番中のそれである。

講演やコンサートで演奏する機会が増え始めたころ、ある演奏会で、フランツ・リストの「ラ・カンパネラ」を弾くことになった。ほかにもいくつか弾いたのだが、ことカンパネラについては、ほかの曲と違う集中力が要《い》る。この曲が全般にわたって無数の大きな跳躍に溢れていて、その音を正確に打ちながら変化や表情を付けなければならないからだ。鍵盤を見て弾いていても難易度の高い跳躍を、私はすべて手の感覚だけで弾く。

本番特有のテンションのなかにあっても、心の深部にぐっと踏みとどまる一点を人一倍正確に保っておかないと、ミスタッチしてしまう。

当日私は、控え室で静かに全曲の跳躍をイメージし、人との会話は最小限にとどめてステージに上がった。いくつかの曲を弾きながらカンパネラに向けて少しずつ集中の焦点を狭めていき、いよいよカンパネラを弾くときになると、文字通り頭のなかがしびれるほど全神経を鍵盤に向けて研ぎ澄ませていた。

こういうとき、私は後頭部ではなく、両こめかみが締め付けられ、頭頂部がピリピリする。いつもなら感じる鍵盤の温度はほとんど感じず、タッチが弦に伝わっていく手ごたえと、弦からの手ごたえだけが指に返ってくる。音を聴きながらその手ごたえを頼りに力やスナップを加減してピアノと「話を付ける」のだが、リハーサルで話が付いたつもりになっていても本番ではピアノがまったく違う一面を見せることがある。私が先刻と違った状態になってしまい、それにピアノが正直に反応している場合と、ホールに人が入り、時間とともに湿度と温度が変わっていくことによってピアノの状態が実際に変わってしまう場合とあるのだが、どちらにしても本番に魔物が棲《す》んでいることに変わりはない。うまく演奏できているときには、魔物は天使となって導いてくれ、指も体も泳ぐように曲のなかを進んでいける。反対に、緊張しすぎたり邪念が入ったりしてうまく演奏に乗れないと、魔物は魔物としての技量を存分に発揮する。そんなときは、いつもなら難なく飛べる箇所で飛べなかったり、普通はミスなどあり得ない箇所で指がずれたりする。小さいころは、よく自分のミスタッチに驚いてパニックに陥り、ぐちゃぐちゃになったものだ。大人になるとパニックこそないが、後でがっくり落ち込む。どの場合でも、こめかみはしっかりと緊張し、「第三の目」があると言われる眉間に一種の重力が加わる。非常にうまくいっているときには、作曲者と交信できていると思えるほどはっきりと、弾くべき力や間が分かる。音楽の精が降りてきてくれるので、心身を委ねると体全体が軽くなる。

ところが、この日の「ラ・カンパネラ」では、こめかみの締め付けはあったものの、降りてきたものに対して心が開いていくあの感覚がなかなか訪れなかった。イメージのなかでは、跳躍の距離感だけが繰り返し流れていた。その状態で演奏を終えると、本当に全部を抜かさずに弾いたのかと思うほどあっという間に終わってしまった。最後の和音から手を離して沈黙に戻ったとき、もう終わってしまったのかと大変びっくりした。

後で演奏を聞いたピアニストの友人に尋ねてみると、さらに驚く答えが返ってきた。

「ううん、ちゃんと抜かさないで弾いていたよ。感情もしっかり込められていたし、見ないでよくあんなに正確に打てるよねって話していたんだ。すっごくあっという間に終わっちゃって、不思議な感じがした」

さらに話した彼女の言葉は、私を驚かせた。

「麻由子さん、とっても集中して弾いていたんだと思う。弾きながらよく音を聴いてる感じがしたの」

おそらく、彼女は自身の演奏経験から、私の心理状態を共有したのだろう。

集中したり、自分の意識の限界を超えた状態になるときには、高坂が直也との「交信」で感じたような、超感覚とでも言えるものを感じるのかもしれない。宮部氏は、このような感覚を想像し、短文のなかに見事に表現し、高坂が超能力を体感的に認めるようになった心の動きを追体験させてくれるのである。

未知のものに対しては、憧れと躊躇《ちゅうちょ》があると思う。誰でもときには、魔法や超能力の一つも使えたらと願うことがあるのではなかろうか。たとえば記憶を読むこと。これは、本当にできてしまえば恐い、大変なことだが、できればいいなと思うことでもある。宮部氏は、この躊躇と憧れの心理を現実のなかで機能させ、作中のような出来事がいま私たちの日々に起きてもおかしくないという手ごたえを作り出している。その技法はいま挙げた二作品にとどまらず、「本所深川ふしぎ草紙」や「幻色江戸ごよみ」などの時代作品においても発揮されている。超自然の存在や、科学では説明できない能力、精神の病などに焦点を合わせ、そこから真実を引き出しているのである。

宮部氏は、作品では「そんな能力を実際にもった本人は大変なのだ」というスタンスを取りながらも、その能力に限りない魅力を感じているように思えてならない。

「龍は眠る」では、その後宮部作品の多くで取り上げられるテーマとなる「記憶」がクローズアップされている。超能力はサイコメトリーだけでなく、透視、霊視、予知などいろいろあるが、宮部氏は、そのなかで「記憶を読む」という能力に特化して物語を進めている。過去の出来事として「認識」される記憶のテーマは、もう一つのテーマとして頻繁に登場する「未知」と表裏一体となって、宮部氏の世界観を集約している。

「僕、ひとつわかったことがあるんだよ」／僕は原石を見るんだ、と言った。／「心のなかにいっぱい隠されてる原石をね。その人の心をつくってる原石。だから、それだけじゃ完全じゃない。その人が、それを取り出して研《みが》いていかなきゃね」（同前）

慎司は、人の記憶を原石と表現した。彼に言わせれば、記憶は単にそこにあるだけでは不十分なのだ。記憶を取り出し、研き上げ、その人にとって意義のあるものに仕上げなければ、記憶の形で記録されているその人の存在意義が一〇〇パーセント証明されたことにはならない。だから、人は記憶をしっかり見つめ、処理していく必要がある。生きるとはその作業を繰り返すことでもあるのだろう。慎司は、原石という言葉に自分の存在意義をかぶせ、高坂に記憶とは何ぞやということを伝えようとしたのではないだろうか。その言葉は、宮部氏本人の言葉でもあると思う。

人の記憶は、何によってとどめられるのだろう。フランスの作家マルセル・プルーストは、有名な紅茶に浸したマドレーヌの件によって、匂いが記憶を引き出す大きな要素になり得ることを表現した。脳の嗅覚と記憶を司《つかさど》る部分は近い位置にあり、匂いから記憶が浮かび上がることは多いのだそうだ。言われてみれば、匂いが記憶の呼び水となった経験は私にもあるし、よく耳にもする。

色で記憶が定着することもあるようだ。第二次大戦中に空襲を経験した方のなかには、戦闘機から落とされた爆弾が花火のように綺麗だったので、その綺麗さゆえに空襲の恐さを鮮明に記憶していると語る人が少なくない。中途で視力を失った〝シーンレス〟のなかで、視覚のある世界を体系的に記憶できる年齢を過ぎてから光と別れた人たちは、家族や近しい人々の顔、満開の桜や故郷の山々など印象に残った景色を「瞼《まぶた》の裏」に再現できるという。眼裏《まなうら》の景色は、歌のなかだけの話ではないらしい。

私の場合は、記憶がはっきりと二つの種類に分かれている。一つは、四歳ごろまでに「見えていた」記憶。これは記憶というよりは情報といってもよいかもしれない。原色、家の近所の景色、いくつかの動物の毛色、空や天体の色、景色が輪郭として「見える」という感覚など、目の手術後に子供なりに必死で瞬間冷凍した一連の記憶である。色彩や景色は、小学校時代ぐらいまではある程度視覚的な感触として浮かんでいたが、時を経るにつれ、それらは手触りとも温感ともつかない独特の感触に変化していった。やがてそれらは、意識して記憶の引き出しから取り出さなければ再現できないものになっていった。ただ不思議なことに、そうなったいまでも、小学生時代の記憶をたどれば、見えたころの感覚をありありと思い出せる。視覚記憶に行き着くために、経験や想像など、その後に蓄積された、よりクリアな記憶を手がかりにするわけだ。私の視覚記憶は、情報として処理され、いつまでも大切に保管している「宝物の記憶」である。

もう一つの記憶は、退院後から現在に至るまでの、時系列で整理された人生の記憶である。これは、学んだことや社会情勢など情報の部分を含め、ほかのみなさんと共有できる種類の記憶と言える。ただし、記憶の「原石」には色彩がないので、必要な色彩はその時々で補っている。意識的に色彩を加えないかぎり、私にとって、記憶も現実も、手触りのあるラジオドラマのようなものである。誰かが発した言葉を人一倍はっきりおぼえていたり、その場のディテールを正確に再現できることがあるのは、一つ一つの情報を、距離感を伴う視覚ではなく手ごたえのある体感で記憶しているからかもしれない。よく〝シーンレス〟は記憶力がよいと言われるが、この記憶法にも関係あるかもしれない。もちろん、元々頭のよい方はたくさんいるのだが、インテリジェンスとは別の次元で、私たちは目で見てすぐに確認したり構図的に記憶できない分を、手ごたえで正確におぼえて補っているのではないかとも思うのだ。

ただこれらの記憶は、光のある方々と質こそ違え、処理の方法は同じだろう。いやなことは忘れ、楽しいことは大事に大容量のメモリ分野に保管し、いまだけ必要な電話番号やメールアドレスや日々の情報は、フラッシュメモリに一時保存する。

しかし、この「普通の」処理方法では対応できない種類の記憶がある。それが、宮部氏が作品で扱っている「おぞましい記憶」である。それを処理する手段の一つとして、宮部氏は超能力に関心をもたれたのではないだろうか。


「両親が姉を殺した。そして床下に埋めて、十六年間も隠していた。わたしにわかっているのはそれだけです。そんな大変な出来事が、それだけぽつんと切り離されて、いきなり目の前に差し出されて、わたしはそれを受け取ったけど、受け取ったあとどうしたらいいのかわからないんです」

（『楽園』）


よい記憶は研けば光る原石だが、おぞましい記憶は取り出せば世界が崩壊するパンドラの箱である。宮部氏の作品は、現在の謎を追って同じ現在の事実にたどり着く手法ではなく、舞台は現在だが、行きつく先は多くの場合、過去もしくは過去の結果である。そして、登場人物たちがそこに封印された記憶を処理する決断をしたとき、初めて事態が解決に向かうという傾向をもつように思う。

「龍は眠る」で慎司は自分の能力を真正面から受け入れ、事件に隠されたおぞましい記憶に向き合う生き方を選ぶ。直也は人の記憶を読むという自分の能力と向き合えず、苦難の末に命を落とした。「楽園」の等《ひとし》は、記憶を読むという力の正体を理解できる前に事故死してしまった。

先の引用は、一つのおぞましい記憶を突然事実として知らされた土井崎誠了の悲痛な叫びである。

宮部氏は、超能力に対して結論は出さず、あるいは結論はもっていてもそれを読者に明かすことをせず、問題のみを提起してその先を読者に委ねる手法を取っている。これは、同じような未知のものを扱うときに欧米の作家が見せる姿勢とは対照的で、見方によっては日本的な形といえるだろう。欧米の作家の場合、読者に委ねる部分の大きさに違いはあるにせよ、少なくとも「私はこう思っている」という結論はかなり明確に伝えるように思うからだ。

しかし、宮部作品をよく読むと、超能力そのものに対する結論はないけれど、その力で読んでみたい記憶については、明らかな考え方をもっていると感じられる。それは「人生の問題を解決するには記憶を処理する必要がある」という考え方である。

「龍は眠る」の慎司は、マンホールの蓋を開けた若者が封印した記憶を取り出そうと焦るあまり失敗し、「楽園」の土井崎家の人々は娘殺しの記憶を封印しすぎたために家族が崩壊した。処理の仕方は対照的だけれど、どちらのケースでも、正しく処理されない記憶が招くのは悲劇でしかない。宮部氏は、不思議な能力をもつ慎司と直也の生き方を見守る高坂や、等の母親萩谷敏子に導かれるように等の能力を実感していったフリーライター前畑滋子の目を通して、日本的な柔らかな筆致を維持しながら、人は記憶と向き合うことでしか未来へは進めないのだという明確なメッセージを送っているように思えるのである。

最後に、宮部氏への感謝を込めて触れておきたい点がある。それは、私のようなマイノリティが多かれ少なかれ感じていることを、マジョリティの人の口から言わせている点である。「龍は眠る」だけでも、印象に残った箇所がいくつもあった。

〈みどり幼稚園は、とてもめずらしいんですが、そういう（引用者注：ろうあの）子供たちを健常者といっしょにあずかっているんです〉

こうして見ると、「健常者」というのは嫌な言葉だった。性根の腐った人間でも、五体満足なら「健常者」なのだ。

〈あなたはいいわ、仕事があるもの。でも、わたしはどうなると思う？　何もないのよ〉

何もないのよ——と言われて、じゃあ仕事をしたらどうかとか、趣味を持てばいいとか言ってみても始まらない。それは単なる論旨のすりかえだし、仕事を持ち社会に出ている女性たちを、逆に侮辱することになる。彼女たちは、独身だから、結婚していても子供がいなくて暇だから働いているわけではないのだから。

電気仕掛けで卵を泡立てる機械を作れる国なのだから、なぜもっと、本当に〈便利さを必要としている〉人間のためになるように、その技術を活かすことを考えないのだろう。自分でなんでもやれる人間を甘やかし、怠惰にさせる道具ばかり発明しているくせに、ある一点、二点で機械や動力の補助を必要としている人間に対しては、やれ強くなれの、やれ我慢しろのと平気で言っているような気がする。

社会が開かれてきて、第一線に出ている〝シーンレス〟のなかにも「障害があってももっとがんばって競争に勝つべきだ」と仲間を激励し、「ぼくたちは自分は弱者だなんていうべきじゃない」と発言する人が現れはじめている。それは成功への道が開けてきたことの証明でもあり、素晴しい現象と考えることができる。

だが一方で、私は声高な成功願望には一種の危険を感じもする。成功への努力は無論あってよいものだが、現実はそれほど単純ではない。人間には、弱者か否かにかかわらず、どうがんばってもできないことがある、けれど「できない」ことを抱える人にも

「できる」人と同じ存在の意義はある、と考えるほうが、自然なのではあるまいか。

女性に関する宮部氏の指摘も的確だ。

結婚はあくまで幸せの形のひとつである。仕事に専念してよいものを生み出すことや、シスターや尼僧として魂の救済に当たるなど、独身として使命を受けている女性はたくさんいるからだ。多様性の時代に、結婚を女性にとって唯一のゴールのように考える価値観を強いられる事態があるとしたら、女性もまた弱者といえるだろう。

しかし、私のいう弱者とは、何かができないという現象というより、マイノリティであるという相対的な事実である。もし人間が標準的に〝シーンレス〟だったら、晴眼者と呼ばれる人たちは超能力者であり、マイノリティとして慎司たちのような苦労を背負うことになろう。三村七恵がくしくも〈織田さんの話をきいたとき、おどろきました。わたしみたいに、あったはずの能力が消えてしまったからじゃなくて、余計な能力があるから、あの人は苦労してるんです〉と言っているように、マジョリティがもつ能力をもたない人も、マジョリティにはない特殊な能力をもつ人も、マイノリティであるがゆえに苦しんでしまう。弱者の本質は、この苦しみにあるのではないかと思う。能力がなくてもありすぎても、社会に適応するのに特有の対応策が要るという点で、同じように弱者なわけだ。

宮部氏は作品のなかで、この弱者の声を、当人ではなく社会で力をもつマジョリティの側からはっきり言わせている。同じことでも、マイノリティが言うと、甘えとか要求とか言われてしまう場合があるが、マジョリティが言えば一つの意見として認められていく。これがマジョリティの力であり、弱者が弱者であるという実態を示す現実なのである。

　現実を直視したうえで示される宮部氏の優しさ、温かさは、どの作品にも流れている。事件がどんなに暗くても、そこににじみ出る作者の温かさは、七恵に恋する高坂の手に触れた慎司が感じたそれのように、確実に伝わってくる。宮部作品に触れると、読者はミステリーの読み応えを満喫できるばかりでなく、宮部氏自身のまなざしを感じて心を開き、癒しを得ることができるのである。

純性と業を見つめ続けた森鷗外

「舞姫」

彼は涙ぐみて身をふるはせたり。その見上げたる目《まみ》には、人に否とはいはせぬ媚態《びたい》あり。この目の働きは知りてするにや、又自らは知らぬにや。

（「舞姫」）

森鷗外が、ドイツでの経験を「うたかたの記」、「舞姫」、「文づかひ」の三部作として記したとき、あえて文語体で書いたのにはどんな意図があったのだろうか。歴史小説や短編には口語体が多くみられるのに、ことドイツの記述については、文語体を意識的に用いているかに見うけられる。当時の滞在記である「独逸《ドイツ》日記」も、文語体ではないが漢文体である。

鷗外の美文の所以《ゆえん》は、豊富な漢文の知識が遺憾なく発揮された文語体にあると思うが、もうひとつ、その朗々たる文語調の長文の随所にちりばめられたドイツ語の響きが大きな効果をもたらしている。

> 何等《なんら》の光彩ぞ、我目を射むとするは。何等の色沢《しきたく》ぞ、我心を迷はさむとするは。菩提《ぼだい》樹下《じゅか》と訳するときは、幽静なる境なるべく思はるれど、この大道髪《かみ》の如きウンテル、デン、リンデンに来て両辺なる石だゝみの人道を行く隊々《くみぐ》の士女を見よ。胸張り肩聳《そび》えたる士官の、まだ維廉《ヰルヘルム》一世の街に臨める窻《まど》に倚《よ》り玉ふ頃なりければ、様々の色に飾り成したる礼装をなしたる、妍《かほよ》き少女《をとめ》の巴里《パリー》まねびの粧《よそほひ》したる、彼も此《これ》も目を驚かさぬはなきに、車道の土瀝青《チャン》の上を音もせで走るいろ〳〵の馬車、雲に聳《そび》ゆる楼閣の少しとぎれたる処《ところ》には、晴れたる空に夕立の音を聞かせて漲《みなぎ》り落つる噴井《ふきゐ》の水、遠く望めばブランデンブルク門を隔てゝ緑樹枝をさし交《か》はしたる中より、半天に浮び出でたる凱旋塔《がいせんたふ》の神女の像、この許多《あまた》の景物目睫《もくせふ》の間に聚《あつ》まりたれば、始めてこゝに来《こ》しもの、応接に遑《いとま》なきも宜《うべ》なり。
>
> （同前）

この件を音読してみると、その美文の所以が高い音楽性にあることがよく分かる。美文はたいがい音楽的なものではあるが、鷗外の場合、そこに「語学的音感」とでも言い得る、センスのよい特殊な音楽性があるように思う。音楽性豊かな日本文のなかに、ウンテル・デン・リンデン、ブランデンブルゲルなど、nやrの音が織り込まれて小気味よくリズムを作る長めのドイツ語が、もう一つの音楽として絶妙に響くのだ。まるで東西音楽のコラボレーションのような、独特の旋律とリズムである。このように、長文と短文のバランスを巧みにとりつつ、日本語とドイツ語を組み合わせ、作品全体を一つの楽曲のように歌い上げる鷗外の音感には驚かされる。

文語体と外国語の組み合わせだけでいうなら、すでに文語体の聖書など種々の翻訳書もぼちぼち世に出てきていただろうし、日本語のなかにカタカナの言葉が入ること自体はさほど珍しくはなくなっていたはずだ。ただ、鷗外作品では、日本語と合わさるカタカナの言葉が歯切れのよいドイツ語だったことで、音楽的な効果が際立って高められている。

当時はそろそろ外遊経験をもつ作家も世に出始めた時代だが、文語体と音楽的に相性のよいカタカナの外国語を組み合わせて新しい美文を作り上げた鷗外の手法は、特筆すべきではないだろうか。

中学生時代、私は「舞姫」の美文にすっかり魅了され、休み時間になるとそれを音読して級友たちと盛りあがっていた。古文といえば、源氏物語や徒然草のように「純和風」もしくは「ちょっと中国風」という印象が強かったので、鷗外の文体が新鮮だったのだ。ウンテル・デン・リンデンとかショウペンハウエルとか、長いドイツ語が入っている箇所をわざと選び、思いっきり「ローマンチック」に、朗々と読み上げる。冒頭のエリスの描写は、あどけなさと妖艶さを兼ね備えた少女の描写として、ちょうどエリスの年齢に近かった私たちの心を打った。こうして「嗚呼《ああ》、何等の悪因ぞ。この恩を謝せんとて、自ら我僑居《けうきよ》に来《こ》し少女は、シヨオペンハウエルを右にし、シルレルを左にして、終日兀坐《ひねもすこつざ》する我読書の窻下《さうか》に、一輪の名花を咲かせてけり」や「嗚呼、余は此書を見て始めて我地位を明視し得たり。恥かしきはわが鈍き心なり」など感嘆詞で始まる文章を悲壮感たっぷりに読み上げて「エーン」と泣いて終了というコースが出来上がった。文豪の大作を捕まえて何たる不謹慎と叱られそうだが、中学生の私たちにとって「舞姫」はそれほど強烈な印象だったのである。

自然描写も大変美しい。「独逸日記」には、畑に群れる告天子《こうてんし》（雲雀《ひばり》）の描写があったり、ツグミなど、ある程度野鳥の知識がないと識別できない小鳥の名前が出てきたりして、鷗外の自然への関心がうかがえる。「舞姫」では、

寒さは強く、路上の雪は稜角《かど》ある氷片となりて、晴れたる日に映じ、きら〳〵と輝けり。（中略）劇《はげ》しき寒さ骨に徹すと覚えて醒《さ》めし時は、夜に入りて雪は繁《しげ》く降り、帽の庇《ひさし》、外套《ぐわいたう》の肩には一寸許《ばかり》も積りたりき。／最早《もはや》十一時をや過ぎけん、モハビツト、カル、街通ひの鉄道馬車の軌道も雪に埋もれ、ブランデンブルゲル門の畔《ほとり》の瓦斯燈《ガスとう》は寂しき光を放ちたり。

といった手応えある気象描写に風景描写を組み込む手法で、日本では得られない景が表現されている。外国人が描写する外国の風景と同様、日本人の目から見た外国の風景がこのように客観的に、しかも叙情的に描写されている記述は、文学の域を超えて当時のベルリンの様子を記した貴重な記録としても読めよう。

鷗外の場面描写には、「視覚と他感覚の融合」という独特の味があると思う。雪の件は、視覚と温度の融合である。雪の輝きは、触感を経ずして冷たさを感じさせる。光が眩《まぶ》しく綺麗であるだけに、冷たさが目から伝わり、全身を貫くのだろう。陽光に照り映える雪の「きらきら」というオノマトペは、冷たい素粒子エネルギーのように、憂いに満ちた豊太郎の心身にそのままの音で突き刺さる。さらに彼は、美しい光の痛さに心を突かれながら、エリスに迎えられて暖かな屋内に入る。そこには、家庭の温もりだけでなく、やがて生まれてくる子供の温もりもすでに現れ始めている。山積みになった新しいオムツや産着は、豊太郎に「外」から「内」に入ったことを知らせる温度の変化の象徴である。エリス本人にも、人間の生々しい温もりが満ちていただろう。彼女には、すでに母子二人分の温もりが宿っていたのだから。こうした自然描写と、その後の人間界の描写は、作品内で際立ったコントラスト表現として印象に残るのである。

もうひとつ「視覚と他感覚の融合」を挙げてみよう。「文づかひ」のなかで貴族の娘がピアノを弾き始める場面である。

「否、譜なくても」とて、おもむろに下《おろ》す指尖木端《ゆびさきタステン》に触れて起すや金石の響。しらべ繁くなりまさるにつれて、あさ霞の如きいろ、姫が瞼際《けんさい》に顕《あらは》れ来《き》つ。ゆるらかに幾尺の水晶の念珠を引くときは、ムルデの河もしばし流をとゞむべく……

透明な楽器の音色から水晶を連想する発想は、鷗外の絵心と繊細な手先の感覚を感じさせる。当時のピアノは現在ほど繊細な音の表現力をもたなかったかもしれないが、時期としては一時代前のフォルテピアノとは明らかに異なった製造法が発達し、フランツ・リストなどに見られる超絶技巧に耐えうる楽器が現れはじめたころである。音の輝きはそれまでに増して洗練されてきたことだろう。ましてや、「ピヤノ」をあまり聞いたことのない日本人にとって、金属の弦を叩いて発せられる魅力的なアタック音とその後の不思議な持続音は、まさに水晶の念珠を思わせる清澄な音だったことだろう。

しかし、その美文とは裏腹に、「舞姫」は相当にひどい話である。豊太郎は、学問と仕事への志は高かったようだが、社会の底辺にいる女性をさんざん迷わせておいて、さっさと東洋の端っこへと帰ってしまう。女性から見ればとんでもない男であり、物語の結末は実にけしからん気がする。

十九の歳には学士の称を受けて、大学の立ちてよりその頃までにまたなき名誉なりと人にも言はれ、某《なにがし》省に出仕して、故郷なる母を都に呼び迎へ、楽しき年を送ること三とせばかり、官長の覚え殊《こと》なりしかば、洋行して一課の事務を取り調べよとの命を受け、我名を成さむも、我家を興さむも、今ぞとおもふ心の勇み立ちて、五十を踰《こ》えし母に別るゝをもさまで悲しとは思はず、遥々《はるぐ》と家を離れてベルリンの都に来ぬ。／余は模糊たる功名の念と、検束に慣れたる勉強力とを持ちて、忽《たちま》ちこの欧羅巴《ヨオロッパ》の新大都の中央に立てり。（「舞姫」）

こんなエリートだから、失恋の衝撃で「パラノイア」にかかったエリスと、彼女の看病におろおろと明け暮れる母親をベルリンの貧民街に置き去りにして帰国できてしまったのだろう。少し譲って、彼のなかでも後悔や憐憫、自己嫌悪など複雑な感情が錯綜《さくそう》していたことは認めてもよい。しかし、いくら国家のエリートとして時代の求めに応えざるを得なかったとはいえ、「大臣に随《したが》ひて帰東の途に上ぼりしときは、相沢と議《はか》りてエリスが母に微《かすか》なる生計《たつき》を営むに足るほどの資本を与へ、あはれなる狂女の胎内に遺しゝ子の生れむをりの事をも頼みおきぬ」などと書かれてしまうと、悪かったけれど後始末もちゃんとしたのだという自己弁護にさえ読めてしまう。

そんな豊太郎の「ひどい」面が問題になり、鷗外は左遷を経験するわけだが、こうした展開を率直に表現した「ローマン主義」が「問題」になる辺りが、この手の話を「裏」の世界とみなしていた当時の公人たちの感覚なのだろう。現代なら、この程度の表現では文壇で問題になったり作者が左遷されるようなことはまずないだろう。

フィクションでも現実世界でも、日本では、やってきた外国人が日本人女性と恋愛して去っていく話を聞く確率がより高い。多くの場合、犠牲となるのは女性である。その典型がプッチーニのオペラ「蝶々夫人」だろう。紫陽花《あじさい》の花に日本で愛した女性おたきの名を付けたドイツ人医学者シーボルトも、長崎でともに暮らした彼女を日本において帰国しているし、「唐人お吉」も悲劇の末路をたどっている。だから、外国人男性が日本人女性に恋をする場面に出くわすと、ついある種の先入観をもちそうになってしまう。

しかし鷗外の時代、すでにドイツには多くの日本人留学生が滞在し「大和会」なる日本人会も盛んに活動していた。鷗外はその会長になったりもしていたようで、エリートとして学問を修めているという自負に溢れた青年たちが、ある解説の言葉を借りれば「旅の恥は掻き捨て」とばかりに現地の女性とただならぬ仲となり、「カフェの女給」に子供を身ごもらせたまま帰国するといった例が一つならずあったという。「舞姫」は、そんな留学生の一面を描いた作品とする解釈もあるようだ。いわば「逆蝶々夫人」である。

一方、鷗外作品はフィクションでありながら作者の実態を描いている面もあるという解釈もなされており、「舞姫」もすべてがフィクションではない可能性を指摘する評論もあった。鷗外が明治二十一年（一八八八）に二十六歳でドイツから帰国した四日後、エリーゼと名乗るドイツ人女性が単身日本までやってきて、鷗外との結婚を夢見て面会を申し出たのだそうだ。このときは、鷗外本人ではなく家族が面会し、「森家が直面している困難」を説明したのだというが、要するに国際結婚はできないからと言い聞かせて彼女を帰国させたようだ。いまその真偽を確かめる術はないが、当時の日本のエリート社会にあっては、無理もない対応だったたであろう。

こういった記述を読んであらためて本文に返ってみると、最終場面の文章は、鷗外自身の本心だったたような気もしてくる。

相沢の助にて日々の生計《たつき》には窮せざりしが、此恩人は彼（引用者注：エリス）を精神的に殺しゝなり。（中略）

鳴呼、相沢謙吉が如き良友は世にまた得がたかるべし。されど我脳裡《なうり》に一点の彼を憎むこゝろ今日までも残れりけり。（同前）

一方、鷗外は生涯、人間の業、特に性欲を直視した作家であったとも解釈できるかもしれない。人間は、アダムとエバの時代に大罪を犯したためにいまも罪のなかにいるとか、人間には業というものがあると言われたりして、どの宗教も私たちの内面に潜む悪魔や肉体的な欲望についてさまざまな説明を試みている。そうした欲望を「適度に」解放することで健全な暮らしを営むのが一般人にとっての「好ましい生活」なのだろうが、欲望は、ときとしてその節度を凌駕《りょうが》してしまう。なかでも性欲は、体の自然な現象であるがために、意思や努力だけではなかなか制御できない。しかも、その欲望に溺れた結果には、妊娠や出産という生命の重大事が伴う。鷗外は、医師として日々生命に纏《まつ》わる研究をする一方、一人の独身男子としてこの「重大事」に向き合わねばならなかった。ただし「独身だったから」欲望に負けたというより、人間の弱さゆえに負けたと考えるべきではあろうが。

それよりも、彼は純愛というものに心を惹かれ、それゆえに制御しがたい業にも向き合おうとしたのではなかったろうか。自らもドイツから女性が追いかけてくるという経験をしていながら、作者鷗外は豊太郎に、エリスとの結婚を断念して「日本の官僚」として「正しく」生きる道を選ばせた。これがもっと突飛な性格の人であれば、いわゆる「留学崩れ」となってしまったからにはドイツに骨を埋めようと決断し、日本政府に頼らず現地で職を探したかもしれない。あるいはエリスを母親ともども故国に連れかえり、晴れて「此、我が妻なり！」と高らかに宣言し、ローマン主義を地でいく生き方を選ぶことだってできたはずである。だが、鷗外は、豊太郎にもそのような思いきった選択をさせなかった。自身の本心を投影させるためもあったかもしれないが、私はそれよりも、鷗外自身がそこまでの選択をする決断ができなかったのではないかと思う。それが悪いということではない。ただ、こうした作者の背景を考えると、図らずも「逆蝶々夫人」の登場人物となってしまった日本男児として、豊太郎はローマン主義者になり切れなかったジレンマを抱えていたかもしれないとは思う。できればエリスとの純愛を貫きたかっただろうし、そもそも最初に「余が悲痛感慨の刺激によりて常ならずなりたる脳髄を射て、恍惚《こうこつ》の間にこゝに及びしを奈何《いか》にせむ」というような事態に陥り、その場で自分の業を制御できなかったことにも、また出世欲という業に負けたことにも大いに自己嫌悪を感じていたことだろう。鷗外は、その悲劇をありのままに描くことによって、純愛を貫きたかったという切実な思いを伝え、人間は業に翻弄される弱い生き物であることも描いて見せたような気がするのである。

欲望については、「ヰタ・セクスアリス」の存在に触れておく必要があるだろう。豊太郎とは対照的に、この話の主人公は思春期から青年期にかけ、遊郭を含めて一連の体験をするが、それに振り回されなかった。報告文的に淡々と書かれていてあまり強い印象がなかったが、「舞姫」と比較してみると、鷗外の「業」に対する心理の表裏が読み取れるように思った。もちろん、ここでは性欲が問題になっているが、鷗外にとっての業はそれだけでないことも、指摘しておきたい。

「舞姫」を思うとき、対のようにもうひとつ思い出される作品がある。アナトール・フランスの「舞姫タイス」である。くしくもこの作品は「舞姫」と同年の一八九〇年に刊行され、やはり身体の欲望がテーマのひとつになっている。

ただその業を克服した先にあるのが「純愛」でなく「救霊」である点が違っているため、業を制御できなかった主人公パフニュスが受ける罰は、左遷等ではなく悪魔との地獄落ちになっている。「舞姫」とタイプはまったく違うが、夜の舞姫への思いが断ちきれない男性の葛藤という点では、大筋で同じテーマを取り上げているように思える。

こうして数時間瞑想《めいそう》しているうちに、タイスの俤《おもかげ》がまざまざと彼の心に浮かんできた。それは、彼女に心惹かれた頃に見たままの妖艶なタイスだった。彼女は、最初はあたかもレダのように、ヒヤシンスの花の床にしどけなく身を横たえ、（中略）彼の前に姿を現わした。それを見るとパフニュスは、胸を打ちながら言った。

「おお、神様、あなたを証人として申しますが、わたくしはいま自分の罪の醜さをつくづくと考えておるのでございます！」

やがて幻は、いつとはなしにその表情を変えた。（中略）大きく見開かれた両目は涙と鈍い光とに満ち、吐息にふくらむ胸からは、嵐を告げる一陣の風にも似た息吹きがサッと立ち昇った。それを見ると、パフニュスは、魂の底までも掻き乱されるのを感じた。彼は、ひれ伏して、こう祈った。

「牧場にそそぐ朝露のそれのごとく、われらの心に憐れみを垂れ給いし主よ、(中略)邪淫に導くあの偽りの愛情を君が下僕《しもべ》から遠ざけ給え、そして、御名によってのみ人びとを愛しうるよう聖寵《せいちよう》を垂れ給え。(中略)わたくしがあの女に心惹かれますのも、実はあの女があなたの御手になったものであるからでございます。(中略)あの女が多くの市民たちや異邦人たちと罪を重ねていくのは、いけないことでございます。あの女に対する大きな憐れみの情がわたくしの心の中に湧き起こっております」

(「舞姫タイス」水野成夫訳)

エリスがあどけない少女として豊太郎を信じる純粋な女性であるのに対し、タイスは美貌と巧みな踊りを活用してあらゆる男性の心を惹き付け、娼婦として身を任せ、贅《ぜい》を極める悪女のように描かれている。パフニュスはタイスと罪を犯したが、その後模範的な修道院長として砂漠の隠遁者《いんとんしや》たちを教育する。しかしあるとき、悪魔の誘惑によって突然彼女を思いだし、なぜだか「救ってやらねば」という衝動が抑えられなくなる。しかし、それは建前であって、本当はそれが邪悪な業の再来であることを、彼はよく知っている。そこで必死の抵抗を試みる。

一方タイスは、相変わらず快楽の生活を送ってはいるが、心深くに満たされない何かを抱えたまま生きている。パフニュスにとって、タイスはひたすら妖艶な舞姫で、その心は「罪」に穢《けが》れているとしか見えていない。だが、家庭に恵まれないながらも、タイスは後に聖者となる黒人奴隷に導かれて洗礼を受けており、実は救いの素地を授かっている。そして最後には、パフニュスの尽力で娼婦の世界から抜け出し、修道院で真の救済を得て人生を終える。タイスも、エリス同様に純粋な部分をしっかりもった女性として描かれている。これもまた、業に負けた男性から見た女性像の共通点として興味深かった。

パフニュスは、下心丸見えでありながらも、神のご加護？によって何とか自制し、タイス救済という自らに課した任務をやり果せたのはよいが、その後もタイスの幻想に悩まされ、苦行のかいもなく悪魔に捕まってしまう。業に負けたパフニュスは、帰国した豊太郎同様、永遠の傷を負ってその場を去る。業に負けた人間の末路を追求するという点でも、二つの作品には接点があるかもしれない。

最後に、鷗外と、同時代作家の夏目漱石を対比してみたい。二人の共通点は言うまでもなく、留学経験である。漱石はロンドン、鷗外はベルリン。ところが、二人は憧れと失望という、まったく反対の外国観をもっているように見受けられる。その背景には、独身と妻帯、医師と教師といった違いに加え、ドイツと英国の気候風土やそれぞれを支えた資金力の差など種々あったと思うが、この対照は興味深い。

漱石は現地でずいぶん苦労し、「気鬱」になって帰国する。英国紳士の振る舞いや社会のあり方については多くを学び、敬意を表していながらも、現地に馴染《なじ》めないという失望気味の苦しみを味わったわけだ。一方鷗外は、その才気ゆえに現地で他の留学生の嫉妬を買ったりしながらも、ドイツそのものに対する失望はなく、現実に同国で暮らしたうえでもなお、留学前と変わらない憧れの眼差しでドイツを見ている。

外国への憧れ（＝期待）と失望という感情は、一見対照的なもののように思えるが、実際には純性と業のように表裏一体なのではないか。

私は「英語大好き少女」として高校生のとき憧れのアメリカに留学したが、いざ暮らしてみれば「好きなところも嫌いなところも同じだけあった」というのが正直な感想だった。母国だからといって日本が「天国」でないのと同じように、憧れの国だからといって外国がパラダイスなわけでもない。また地獄でもない。それが本来の姿なのである。この感覚については大学生のときにあるフランス人数学者が私に語った言葉が印象的だった。この人は「あなたが学んでいるフランス文学は素晴しいものです。でも残念なことに、フランスにはフランス人がいます」と言ったのである。その言葉は、一面だけを見て外国に憧れても、そこには人間の暮らす現実があるのだという真実を言い当てているのであった。

鷗外と漱石の対照的な外国観は、とりもなおさず日本人の外国観なのかもしれない。どちらも正しいはずなのに、どちらかに偏ってしまうと真実を見失う。これが真理なのではあるまいか。

「逆蝶々夫人」の言葉が出たところで、この文語体の美文を生かしたオペラ「舞姫」を観てみたいと思うのである。

小泉八雲の世界
霞の中で開かれた心眼

ああ、その光景の魅力はどうだろう。あの靄《もや》に浸されて定かならぬ朝の最初の艶やかな色合い。こういう朝の色綾《いろあや》は眠りそのもののように柔らかな靄から軽く抜け出て目に見える蒸気となってうごく。ほのかに色づいた靄は長く伸び広がって湖の遥か彼方の端にまで達する。(中略)山々の裾はすべてその靄で隠される。(中略)それは素晴らしい混沌《こんとん》の領域で、淡い朝靄がごく緩やかに立ちのぼるにつれていみじくも変化してやまない。

(「神々の国の首都」森亮《もりりょう》訳)

日本に帰化した小泉八雲(ラフカディオ・ハーン)は、日本の怪談の採集でよく知られるアイルランド人文学者である。新聞記者として米国で活動した時期もあるが、カリブ海のマルティニク島からアジアまで、長い時間さまざまな土地を旅していた。そして

人生で最も充実した晩年を、この日本で過ごした。おりしも日本は明治という新しい時代の真っ只中《まただなか》。晩年の八雲がこの時代の目撃者としてここにおかれたこと、それが日本という国土の創造伝説の地であったことには、数奇な運命のめぐり合わせを感じずにはいられない。日本の存在を西欧世界に知らしめたり、歴史に一石を投じた人のなかには、宣教師や商人など外国人が少なくない。彼らは日本に新しい文化や思想をもたらし、世界を広げてくれた功労者だと思う。その中で、小泉八雲は、商業や宣教といった特定の目的をもたず、苦労も含めて日本を愛し、この国の歴史を素朴な人間の目で記録してくれた。怪談を集める一方、美しい明治の日本の風景を、溢れる情緒と記者らしい分析力を持って流麗な文体で綴った。我が国の歴史をかくも愛情深く見詰め、素直に感得し、美しく記録してくれたが故に、彼の作品は我々日本人にとって貴重な財産といえるだろう。

怪談の翻訳だけを読んでいた時期、私は八雲も、キリスト教の縛りから逃れたくて東洋に心酔するタイプの「日本好きな西欧人」の一人のように思っていた。しかし「神々の国の首都」のような文章を読み、八雲は一人のグローバルな人間であったことがよく分かった。自身の心の深みが求めていた安住の地を遠い日本に見つけ、その国を愛し、そこに骨を埋める決意をしたからだ。日本を愛するきっかけとなった松江の環境や風土が懐かしい故郷のアイルランドに酷似していたことも、大きく影響したであろう。だが、故郷に似ているからその土地を好きになったにすぎないのなら、恋しくなったら帰れば済む。八雲はアイルランドとのつながりを細々と持ちながらも、帰国せず日本に留まった。故郷に似た松江を堪能《たんのう》する術を手がかりに、日本という国全体を愛する術を学んだのだろう。幼少期に親と別れ、成長後はアイルランドの親戚と相続問題で諍《いさか》いが絶えなかった八雲にとって、彼を温かく迎え入れ、愛するのを通り越して慕ってさえいた優しい妻（ママさん）のセツを育んだこの国の風土や人々の心は、魂にぴったり嵌る波長をもっていたことだろう。

冒頭の引用は、松江の中心を流れる大橋川から宍道湖《しんじこ》に至る風景を描写した件である。海から船で川を溯って初めて迎えた松江の朝、八雲はさまざまな音を耳にする。その音に包まれてゆっくりと目覚め、障子を開けると、朝まだきの霧に包まれた神の土地の姿があった。

この件から読み解いていくと、八雲はたとえば、同じ時期に日本を訪れ、やはり詳細な紀行文を記したフランスの軍人ピエール・ロティとは、明らかに違った視点に立っていることが分かる。フランス文化に第一の価値をおいて日本を描写したロティの文章では、日本家屋を「貧弱」ととらえる印象がいたるところに覗いている。八雲の文章では、現代も外国人には「木と紙でできた兎小屋《うさぎごや》」と映る日本家屋は、愛らしい玩具箱のようにさえ表現されている。冒頭引用の前の「障子を開ける」場面も、原文では〝my little

“Japanese paper window”を“slide open”すると書いている。松江で最初の朝を迎えたハーンが、慣れない手つきで小さな障子の灯かり取りのさんに穿《うが》たれた窪みに手を入れて、そっとそっと「紙の窓」を開けている静かな様子がありありと浮かび、躊躇いがちにスウッと開いていく障子の音までが聞こえてくる。“my little”という言葉に、小さな手の込んだ作りの「窓」への賛嘆の眼差しが感じられる。随所に金の装飾を施した宮殿の窓を「最高級」と位置づける感覚からは、こうした表現は出てこない。窓に手をかけた瞬間、この土地と八雲の波長がぴったりと合い、歴史に残る記録への道が開けたのである。

船がすすんで行く澄明な湖水の水平線上には、遠く美しい形を重ねた山々がうす青く色どられている。このうす青い色は、日本の大気のなかで、遠くの景色を色どる独特の色であって、その独特のうす青い峯々や岬が、白磁のように白い水平線の上へと、湖の水際《みぎわ》から浮かび上がっている。

（「杵築」平井呈一訳）

靄の描写は他にもあり、八雲は霞の中に広がる幻想的な景色を一つの「夢」として愛したように思う。引用では「光景」と訳されているが、原文は“vision”（幻影）である。八雲は、実世界が幻影のようにぼかされ、美しく覆い隠されている情景のなかに、瑣末《さまつ》な日常から抜け出した理想郷の一端を見出《みいだ》したのだろうか。あるいは、日本の景色を理想の幻影と感じたのだろうか。

ところで、こうした視覚描写を読むうち、私は八雲の視力について考えるようになった。

八雲は十六歳のとき、遊戯中に左目を傷つけて失明し、右目も強度の弱視または近視であったと言われている。だが随所に見られる描写を読むと、果たして言われたほど見えなかったのかと首を傾《かし》げてしまう。健常者と同じでなかったことは推測できる。机も視力に合わせ、特製の丈の高い作りになっていたし、視力が弱かったために音への感覚が鋭かった面は確かにありそうだ。しかし、彼の視力は近視程度には弱かったにせよ、弱視といえるほど見えなかったのかどうかは分からない気がする。子供時代、盲学校で数多くの弱視の人たちとともに学んだ経験からしても、大橋から宍道湖の向こうの山並までの距離を見渡し、山が靄に隠れているとか稜線が靄の中に消えていくといった様子が識別できる視力は、弱視の範疇《はんちゅう》という感じがしない。私たちが弱視といわれて思い浮かべるのは、普通は視力0・1以下ぐらいまでである。車の運転もできないし、信号の識別や、ウインドウの中の商品を見分けることが難しい人もいる。弱視は細かいものだけでなく遠くも見えないわけで、あれほど離れた山並を正確に識別して堪能することができるだろうか、と思えるのだ。

八雲の正確な見え方は知るよしもないが、自身の経験を踏まえると、景色も見え、一人で沖へ泳いで出ても自力で浜辺に戻ることができ、ルーペを使わず厚い眼鏡程度で普通に読み書きできていた八雲は、多くの人が考えているよりも、あるいは本人が思っていたよりも、はるかによく見えていたのではあるまいか。それなりに見えてはいたけれど、晴眼者のような見え方ではなかったので極度に気にしていたというのが真実だったのかもしれない。

しかし、それならば尚更《なおさら》、八雲の音描写には細やかな感性が光っているといえる。同じ大橋について、今度は音の描写を読んでみよう。

松江の一日で最初に聞こえる物音はゆるやかで大きな脈搏が脈打つように、眠っている人のちょうど耳の下からやって来る。それは物を打ちつける太い、やわらかな、にぶい音で、その規則正しい打ち方と、音を包み込んだような奥深さと、聞こえるというより寧《むし》ろ感じられるように枕を伝わって振動がやって来る点で、心臓の鼓動に似ている。それは種を明かせば米搗《こめつ》きの重い杵《きね》が米を精白するために搗き込む音である。

（中略）実際それはこの国が脈打つ鼓動そのものである。

それから禅宗の洞光寺《とうこうじ》の大釣鐘がゴーン、ゴーンという音を町の空に響かせる。次に私の住む家に近い材木町の小さな地蔵堂から朝の勤行の時刻を知らせる太鼓の物悲しい響が聞こえてくる。そして最後には朝一番早い物売りの呼び声が始まる。

（「神々の国の首都」森亮訳）

彼はそれまで、床に直接布団を伸べて寝た経験がなかったのではあるまいか。ベッドに寝ていると、耳を澄ませても聞こえてくる音の低周波はカットされ、普段と同じ音として伝わってくる。畳なり板の間なり、床に直接横たわっていると、地面に振動を与える米搗きのような音は、実際の振動を伴った音として伝わってくる。八雲は、その地響きを初めて感じ、「鼓動」と表現した。八雲にとって、音は「聞こえる」ものより「感じる」ものだったようだ。世界であらゆる音を聞いて耳が鍛えられていたとしても、音を「感じる」受信機がなければ、松江の音を「感じる」ことはできなかったはずだからだ。ここに八雲の耳の鋭さがある。

洞光寺の大釣鐘の音も、八雲には「感じられた」のではないかと思う。訪れてみて分かったのだが、この鐘の真下に当たる土台の部分には鐘の直径と同じぐらいの四角い共鳴穴が穿たれていて、打つとこの穴に共鳴した音が空気を貫く余韻とともに辺りに放射していく。大釣鐘は“great bell”という原語で書かれている。これをそのまま「大釣鐘」と訳したセンスには拍手を送りたい。そもそも釣鐘はそれぞれに大きいものであるが、「大」と表されるほどに大きな釣鐘がそうたくさんあるわけではない。八雲は、小さなテーブルベルから教会の鐘まで、あらゆる大きさのベル（スカート型の枠の中心に舌と呼ばれる部品を取りつけた形のもの）を表す"bell"という単語だけでは釣鐘の感じが伝わらないと考えて「大」（great）という修飾語を付けたのではないか。正確に翻訳するだけなら「洞光寺の釣鐘」としておけば問題はないが、その言葉からは八雲の心を揺さぶったゴーンという音も、鐘の音が生み出す振動も伝わってこない。

音についてもう一つ、八雲は、「音楽的な耳」をもっていたのではないかと思う。音楽的な耳とは、細かな音を聞き分けると同時に、全体を一つのハーモニーとして聞ける耳である。日本にきてからもマルティニクで聞き覚えたクレオール語の歌を口ずさむなど、細やかな音を聞き分ける才能を見せると同時に、八雲は身の回りの音を「日本の音」という一つのオーケストラ演奏として聞いていたように思える。

> いたる所で芸者の打つ鼓の音が響き、何やら切ない調子の甘い歌声が聞こえ、それに三味線をつまびく音が混じる。加えて、踊りに合わせて打つ手拍子、拳《けん》に興じる者達の叫び声や、どっと笑う声など。
>
> （「美保関《みおのせき》」奥田裕子訳）

この描写の聞き方では、一つ一つの音が立ち上がっているとともに、和音のように重なって集合体となり、サウンドスケープを作り上げている。橋を渡る下駄の音も、「速くて、陽気で、調子よく」と個々の音を説明した後、まるで大舞踏会のようだと一つの風景にまとめている。日本人の生活音を「命の音楽」として聞き、それが織り成す空間を音の風景としてとらえるこの手法は、八雲が極めて音楽的な耳をもっていなければ実現しなかったといえよう。

音楽は時間とも深く関係している。八雲は音が醸し出す時間の経過をも音楽的に聞く耳をもっていた。彼が幼少期にどんな音楽教育を受けたのかは分からないが、もしも本格的に音楽を学ぶ経験をしていないのにこれだけの耳をもっていたとしたら、視力のハンディの有無を超越した天賦の才能だったと思う。

松江の音の描写にもこの耳が活躍する。朝、米搗きの音から洞光寺の大釣鐘、太鼓、物売りの声と、時間を追って活発になっていく音の変化を、八雲は床のなかで一曲の音楽のように聞いている。偶然だが、私も「朝の音」の変化を描写して時間の経過を表現したことがあるので、八雲には少なからず共感できる。現代の朝には、まず雀が曙光《しょこう》の到来を告げ、遠くの街道を走る車の音がトラック主体から乗用車主体に変わっていき、同じころに新聞配達のスクーターや牛乳壜《びん》を鳴らしてやってくる配達車たちの音がいつか過ぎていく。やがて近くのアパートや家々の扉と雨戸が開きはじめ、人々が外に出てくる足音が聞こえてくる。そのころには、烏《からす》やヒヨドリも賑やかに鳴き交わし、散歩をねだる飼い犬たちの甘えたりじれたりしている声も混じっている。そんな音の変化は夜明けから朝、そして午前という時間を彩る街の音楽だ。八雲は、明治の松江に響いていた音楽を、同じ方法で時間の経過に沿って凝縮し、その音のどれ一つとしてほとんど原型を留めていない今の時代に暮らす私たち読者に、ありありと伝えてくれているのである。

今度は、いまも当時に近いままと思われる神社の描写を読んでみよう。八雲は、庶民の感覚に対してはほとんど無条件の敬意を表しているが、神々と人間の関係については、思わず吹き出してしまうほど素朴で「そうそう」と頷《うなず》けるような実用的な感覚を発揮する。

この神様のお力で、人々は生まれた時から、宿命的に誰と誰が縁組をするのか、あらかじめ決まっているのである。だとすると、もうずっと前から取り消し不可能なことのために神社へおまいりにいくのは、単なる時間つぶしだ、と考える人もいるかもしれない。
（「八重垣《やえがき》神社」平川祐弘《すけひろ》訳）

これは、日本で初めて結婚が正式に認可された建速須佐之男命《たけはやすさのおのみこと》とその妻稲田比売《いなだひめ》が祀《まつ》られたことから縁結びの神社として知られる八重垣神社を訪れたときの記述だ。八雲はこの後、それでも建速須佐之男命は稲田比売に一目ぼれしたのだから、運命が関係しない恋もあるのではないかと分析する。だからこそ、その可能性に望みをかけて恋する人がここを訪れるのだろうと想像したようである。

日本のプロテスタンティズムと深い関係のある「予定説」は、人間の運命（神学では救い）は神がすでに定めているというものだそうだ。八雲は「取り消し不可能」"irrevocably settled"（やり直し不可能な確定が行われた）という言葉に、予定説めいたイメージを込めていたかもしれない。お相手との「赤い糸」は予定説でも結ばれていたというわけだが、恋する人の必死の願いを聞いてくれない無粋な神様では困る。もっとも、一目ぼれ事態が「予定」されていたとも解釈できるわけだが。

冗談はともかく、八雲はこのように、手放しの日本崇拝者ではない。記者として培った冷静な洞察力と、ふと洩《も》れる素朴な「醒めた目」が随所に垣間見られ、文章に信憑性《しんぴょうせい》とユーモラスな味を添えている。それゆえ、その作品は日本だけでなく、世界で受け入れられたのだろう。

市内の城山稲荷《じょうざんいなり》に奉納された何百体もの狐の置き物の中で、八雲のお気に入りは一番大きな狐だったらしいことが訪ねてみて分かったし、月照寺の石の大亀も、大きくて人目を引く。そういうものに素直に惹かれる愛らしい好奇心には親近感が持てる。傑作なのは、その首を切った痕とされる亀裂をめぐる記述だ。

こうした気味の悪い仲間のなかで、夜出会ったらいちばんぞっとするだろうと思われるのは、松平家代々の墓所のある、松江の月照寺という寺の化けガメだ。この化けガメは大きな石の像で、身長十七フィートもあり、地上から六フィートも高く、頭をぬっともたげている。今は割れ欠けたその背に、高さ九フィートばかりの太い四角な石が立っていて、それに半分消えかかった字が刻んである。出雲の人たちが想像したように、この墓場の化け物が、真夜中にのそりのそり這い出して、近くのハス池にはいって泳ごうとした物凄さを想像して見たまえ！　言いつたえによると、この化けガメの勝手ほうだいな振舞いを止めさせるのに、とうとうカメの首をぶち欠かなければ納まらなかったのだという話だが、しかし本物を見ると、何だかただの地震で欠けたというふうにしか見えない。

（「杵築雑記」平井呈一訳）

それまで書かれている各種妖怪に対する文学的な興味から一転し、地震で壊れたとは、若い観光客たちがささやき合っていそうな「突っ込み」である。

八重垣神社の裏にある鏡池では、恋占いが行われる。和紙にコインを乗せて水に浮かべ、それが近くで沈めば近くで、遠くに沈めば遠くでご縁があり、早く沈むはどよいという。

八雲は紙で折った船にコインを乗せると記述しているが、私が訪れたときは、薄い和紙を百円で買い求め、コインを一枚乗せて折らずに池の水面に浮かべる仕組みになっていた。紙には何も書かれていないように見えるが、水に浮かべると「ご神託」が書かれていることが分かる。紙が濡れはじめると、白紙に白い文字が浮かび上がってくる。「ご神託」は恋に限らずいろいろあるようだった。私へのメッセージは？　ひ・み・つ。私はぜったいに沈んでほしかったので、コインのなかでは比較的重たい十円玉を乗せてみた。五百円玉のほうが重たいのだが、それで沈んだのではあまりにも当たり前なので、ちょっとした実験心から十円にしてみた。金額を弾んで沈めようと思った同行者の方は百円を、ご縁がほしいと思った方は五円玉を乗せた。結局、五円の紙が一番早く沈み、私のが二番目、百円を乗せた紙は最後にゆっくりと沈んだ。神のご意志はいつだって計り知れないのである。

私たちより少し前に紙を浮かべたカップルも池面をじっと見詰めていたが、彼らの紙はなかなか沈まなかった。

「あーあ、やっぱり結婚できないのかなあ」

しょんぼりとつぶやく女性の声を残して二人が立ち去った姿がまだ見えているうちに、紙はスウッと沈んでいった。私は心のなかで「あなたたちの紙も、ちゃんと沈みましたよ～」と叫んで、後は出雲の神様に伝言をお任せすることにしたのだった。

八雲に思いを馳《は》せながら島根を歩いてみると、明治期に書かれた作品に鏤《ちりば》められた描写が平成の世からも聞こえることに感心した。いまや人工の音の溢れる近代都市となった松江だが、一歩通りを離れれば、八雲作品に流れる音を陰影のように感じられる。もちろん、米搗きの音や物売りの声が本当に聞こえるわけではない。心の奥底にそれらの音が浮かんでくるのだ。八雲がこの時差を超えることをどの程度意識したかは測れないが、彼が聞いていた音が「心の音」だったから、私たちもそれを「心の耳」で聞くことができるのだろう。

最後に、八雲が記者だったがゆえに日本の本質を見抜いていたと思わせるいくつかの「予言」に触れておこう。

松江でインタビューさせていただいた八雲の曽孫、小泉凡氏は、八雲が「いまから百年も経てば、幽霊のような超自然的存在は信じられることもなくなるかもしれないが、それらが人の心から消えうせることはない」と断言したと話した。インターネット全盛の現在、一般論として幽霊は人の幻想と理解するのが無難な雰囲気になっている。しかし、心霊スポット情報のサイトは山ほど存在するし、パワースポットや魔よけといったスピリチュアルな話題が好きな人はたくさんいる。東日本大震災を境に、犠牲になった大切な人たちの幽霊を見たとの証言を軽んぜず、傾聴して共有する心理療法もおこなわれている。問われる事柄は、幽霊が「実存」するかより、その人の心に何が存在しているかにシフトしている。幽霊は信じられなくなったどころか、実存と別の種類の市民権を得たとさえいえるだろう。

八雲はまた、日本がどんなに西洋化されても古代から培われた精神が根底から失われることはないだろうと書いている。グローバル化が進んだ現在、日本人の心にも国際レベルの合理主義や権利意識が定着してきた反面、異質な文化の人々に対してちょっぴりシャイという昔ながらの控えめぶりも残っている。

チベット仏教の指導者ダライ・ラマ十四世も、自伝のなかで東京の印象を語っている件で、日本は大きな物質的発展を遂げる一方で伝統的文化や価値観を失っていないところに心を打たれたと述懐している。この記述が書かれたのは、くしくも八雲の「予言」からちょうど百年余りを経過した時期に当たっていた。八雲の予想が的中したことを、同じアジアからやってきた仏教の指導者が、このようにぴったりと指摘していることに驚くとともに、八雲の観察が正確で、未来百年にも通用する見識に富んでいたことがあらためて感じられた。ただ日本に限らず、古来から培われてきた精神は、時代の変遷によって簡単に変わるわけではない面も持つのだが。

八雲の日本礼賛に気を取られると、彼もただの日本かぶれの西洋人のように見えてしまう。作品を読み込む前には、私も少なからずそんな印象をもっていた。しかし、違っていた。彼の特異性は日本礼賛にではなく、日本を西洋に正確に伝えたこと、それも日本人の側に立って伝え、「架け橋」となったことにあった。

放浪のアイルランド人ラフカディオ・ハーンは、多くの国を渡り歩き、多彩な文明のなかに住んでそこの人間たちの生活の中心にきちんと身をおき、彼らと関わったことで、一人の「文明記者」に成長した。百年前の文章ともなれば、変動の激しい現代にはいささか古めかしく思えるかもしれないが、その普遍性は損なわれていない。日本留学を考えている西洋または西洋文化圏の人には、日本の伝統精神と近代化の本質を理解するために、ハーンの英文作品を読破してから来日してほしいと言いたいほどである。

八雲は行き過ぎた競争や個人主義に警鐘を鳴らしたと言われる。私はそれに加え、彼は東の国から人間の生き方についての叫びを上げていたのではないかと思う。一つの価値観に囚《とら》われて人々を説得する時代は終わった。相手の文化や価値観も、自分たちのそれと同じように尊重し、敬意をもつ生き方に切り替える時期がきた。グローバリゼーションという言葉が生まれるずっと以前に、八雲はそのことを伝え続けた。

品格ある英文を存分に駆使し、人間理解と文化交流の根本を説いた文明の伝道師、それが小泉八雲だったと、私には思えるのである。

中央アジアを行く
スウェン・ヘディンの偉大な探検記

私はまったく疲労しきり、寝がえりをうつ元気すらもなかった。このとき——後にも先にもただこの時のみ——絶望が私をとらえた。過去が夢のなかのように私の脳裡を去来した。固い地面と騒がしい人ごみと色々さまざまの出来事を見るように感じた（中略）そしてすべては一瞬に消失し永遠への門が半ば開かれ、あたかも数時間以内にその入口に立たなければならないように思った。

はるか北方にある私の家に想いは馳せ、私が再び帰ることなく消息が絶えるとき、私の身の上を案じるであろう人々の不安を思うとき、私の心は痛むのであった。（中略）

意識を取りもどしたとき、私はあたかも寝棺のうちに横たわっているように感じた。葬列はすでに墓地に達した。葬列の鈴はその悲し気な響きを収めてしまい、墓穴はすでに掘られ、次にくる砂の暴風が墓穴を埋めるのを待つのみであった。（中略）しばらくの後、奇蹟《きせき》と考えるよりほかはないことが起こった。太陽が次第に地平線に近づくにしたがって私の体力は徐々に回復し、太陽が西方の砂丘の頂上に灼熱《しやくねつ》した砲丸のように見えるときに到って、私は完全に元気を取りもどした。

（「中央アジア探検記」岩村忍訳）

スウェン・ヘディンは、十九世紀末から二十世紀初頭に中央アジアからインドに至る広大な地域を調査し、精密な地図を作った大探検家である。探検時代といえる時代に、バイキングの発祥国の一つであるスウェーデンで生まれ育ち、北極探検をしたニルス・ノルデンショルドやアフリカ探検をしたヘンリー・スタンレーなどに強く惹かれ、十二歳で探検家を志した。その後、恩師フェルディナンド・フォン・リヒトホーフェンに師事して地理学者として頭角を現し、中央アジア探検に一生を捧げることになる。

ヘディンは、インダス川とブラマプトラ河の水源を確定し、ヒマラヤ山脈とコンロン山脈の間にトランス・ヒマラヤ山脈が存在することを発見した。シルクロードの行程を調査して「楼蘭《ろうらん》の遺跡」を発見したことでも、世界的に知られている。そうした探検の記録を日本人読者のために編纂《へんさん》・訳出したのが、「中央アジア探検記」「シルク・ロード」「さまよえる湖」の三部作である。

冒頭の引用は、初期の探検でヘディンが経験した想像を絶する困難のクライマックス的場面である。現地の案内人として雇い入れた従者の一人で、ヨルチ（道路から飛び出したポインター犬の意）と呼ばれていた男が、一行を欺いて砂漠地帯でヘディンたちを殺害し、所持品を盗んで町で売ろうとたくらんだらしいことから、ヘディンは死の危険に直面する。水槽に十日分入れておくよう指示した水を、ヨルチが四日分しか入れておかなかったことから苦闘が始まる。広大なタクラマカン砂漠の茫漠《ぼうばく》たる砂丘の山並に来る日も来る日も難路を強いられ、駱駝《らくだ》が次々に倒れ、ついにキャラバンの隊員たちも倒れていく。最後の水を盗んだヨルチは、なおも水を懇願して半狂乱になる。そのヨルチが命を落とした同じ日に、砂漠の勇者で豊富な経験をもち、最後までユーモアと精神の平静を失わなかった老人モハメット・シャーも天に帰った。ヨルチは砂漠で命を落とし、自分の行為の代償を払ったとも言えるかもしれない。ただヘディンは、彼が本当に「たくらみ」をもっていたかは分からず終《じま》いだったと書いている。やがて、最も忠実な英雄的性格の持ち主だったイスラム・ベイも行進を断念して砂上から起き上がれなくなり、最後の同行者となった生真面目なカシムも、ようやく辿り着いたホータン河を目の前にして動けなくなる。ヘディンは単身ホータン河の水面を探しに出かける。その途上、奇跡的な確率で大きな水溜《みずたま》りに行き着き、命をつないだ。そのおかげでカシムも命をつなぎ、イスラム・ベイも奇跡的な生還を果たしたのだった。

「中央アジア探検記」は、他の二作と違ってヘディンが当局の助けをさほど得ずに独自に行った調査記録であり、しかも、十九世紀末という、自動車のような文明の利器を十分に活用できなかった時代の旅行記録のため、その迫力と苦悩は他の追随を許さない。そしてヘディンが、それまでの調査で「空白になっていた」部分にあえて踏み込み、自身の力でそこを埋めるという使命を果たすために「選ばれた人」であったことを最も感じさせてくれたのも、この作品であった。

ヘディンの周囲に見られる不思議な運命の転回は、事実は小説よりも奇なりなどという言葉ではとうてい表し難い、崇高なものである。そしてそれは、ヘディンの並々ならぬ人格の賜物と思わされることがしばしばだった。

たとえばヘディンは、「一行のものに範例を示し、かつ彼らに元気をつけるのは私の義務なので」という理由から、自分の最後の水の分け前を裏切り者と思《おぼ》しきヨルチに分け与えている。私は、この行為にこそヘディンの高い人格が表れており、その人格ゆえに、神が彼にあの奇跡的な命拾いという祝福を惜しまれなかったものと信じずにはいられなかった。

そしてそのヘディンに最後まで忠実に力を貸したイスラム・ベイは、砂上に横たわってヘディンを見送ったが、後に奇跡的に体力を快復し、ヘディンが断腸の思いで残していった大切な器具や地図などを駱駝に背負わせて運んできた。そして、これまた奇跡的に出会えた商人たちにヘディンを捜索して「馬を貸してやってホータンに帰れるようにしてやって欲しい」と頼んだという。この忠実な従者もまた、その英雄的な行為の報酬として救助の祝福を受けたように思えた。砂漠で静かに生涯を閉じたモハメット・シャーも、できれば同じ祝福を受けてほしかったが、アラーの神は生涯の使命を果たした彼には天国に別の祝福を用意しておられたのだろう。

これは作り事でも読者サービスでもなく、ヘディン自身が「私の期待は私をあざむかなかったのだ。私を守護する運命の星はいつもと同じように私の頭の上に燦然と輝いている」と断言しているように、本当に神の加護としか思えないような展開である。希望を捨てず、最後まで正直に、愛を実践して生きる人には必ず良い結果が訪れるという「希望的理論」が、ヘディンの探検では信じられない確率で実現しているのである。

特にこの探検では、生死を分ける極限において「諦めない」ことが、どれほど生命の原動力となるかが力強く記されているとも思う。渇きのために飢えを感じる神経も麻痺《まひ》し、濃くなっていく己の血液で体が固まり、皮膚が収縮していくなかで、ヘディンは一人諦めない。「私は我々が決して砂漠中で死なぬと確信していると答えた」とあるように、彼はホータン河に行き着ける日をひたすら心待ちにして行進する。

そして奇跡的な命拾いをしたわずか九日後、なんと彼は早くも次の旅行を計画するのだ。さらに、もうひとつの奇跡ともいうべきだろうが、この遭難からイスラム・ベイと一頭の駱駝が無事に帰還した。そこでヘディンは、旅行を縮小どころか拡大できると考えて胸を躍らせるのだ。困難があったら「戻ればいい」ではなく「別の道が開ける」と考えて前進するのである。彼も多くの成功者同様、「もし駄目だったら」という妥協的選択肢を作らない。こと探検においては、この妥協なき前向き精神が生死を分けるのだろう。

しかしここで見落とせないのは、彼を支えている動機が、帰還したいとか好奇心を満たしたいという自己中心的欲求ではないという点だ。真の動機は、母国で待つ人たちがいることと、何よりも探検の記録を残すという使命感であったといえる。これらはヘディンの人格を支えた根幹でもあろう。

ヘディンはまた、人生のプロジェクトというものの意味も教えてくれている。彼にとって、探検は人生のプロジェクトであった。そのためにならら、どんな犠牲を払う覚悟もある。ヘディンが無限の砂を被りながら身をもって示した限りなく前向きな精神と、命をかけた使命感は、人生のプロジェクトに向かううえで私にも生き方の指針と勇気を与えてくれた。こうして私は、探検家がなぜ探検に踏み出すのかは分からないにしても、なぜ踏み出すことができるのかは、分かったような気がした。

ヘディンという人は、単に偉大な地理学者として数々の功績を残したばかりでなく、一人の崇高な人格者として人間の模範を示してくれた。また、信仰厚いキリスト教徒の心意気を自然体で示した偉人でもあったと思う。

運命といえば、私がこの本に巡り会った経緯も運命的であった。ヘディンの名前は、「楼蘭の遺跡」の発見者として記憶していたが、なんでまたスウェーデンから遥々探検にきたのだろうと不思議に思ったくらいの、どちらかといえば薄い印象しかなかった。この本を手にした大きなきっかけは、二〇〇八年に購入したICレコーダーで本を「持ち歩いて」読めるようになったことであった。

〝シーンレス〟にとって、移動中の読書のために大きな点字本を持ち歩くことは、大変な負担である。ところが、テキストデータ形式の書籍を音声変換してICレコーダーに転送することで、レコーダーに入れた本を持ち歩けるようになり、その問題が呆気《あっけ》なく解決したのである。いまや、書籍は各種形式の電子データで入手できるようになり、一部はスマートフォンで読み上げられるようにもなっている。たいていのアプリでは、読み上げ速度を最速にすれば人間が口で朗読する二、三倍の速さで読める。小型の点字ディスプレーに点訳データを転送すれば「持ち歩きの点字読書」も可能だが、ディスプレーはそれなりに重たいので、手軽に小型にというわけにはいかない。だが音声読書ならほとんどテープ感覚で聴けるので、耳からの読書にはなるが「本を軽々と持ち歩いて読む」という目標は、完璧に達成できるのだ。

こうして環境を整えたレコーダーを使って勇んで読んだ最初の本が、時系列的には三部作中最後となった「さまよえる湖」であった。私はすぐ、ヘディンの偉大さの虜《とりこ》になった。この作品は、ヘディンの一生の課題となった「ロプ湖問題」を自身の手で解決するために行われた探検で、これによってヘディンは、ロプ湖を初めて見たロシア帝国の地理学者プルジェワルスキーと、恩師フォン・リヒトホーフェンの間に生じた論争を自ら解決するに至ったのである。「ロプ湖問題」とは、タリム河下流に現れ、移動するロプ湖の位置や誕生の時期、移動のメカニズムを体系的に説明しようとする学者たちの間に起きていた論争らしい。そんななか、ヘディンが「いまから三十年後にまた現れる」と確信した湖の出現を、まさに三十年後に自身の目で確かめるために旅立った壮大な記録が、この「さまよえる湖」なのである。

ヘディンは、自説通りにロプ湖が存在し、その周りに森林が生まれつつあることを確かめて歓喜するが、湖を船で一周する計画は浅瀬に阻まれて実現できなかった。彼は口惜しさを隠さないが、現状の装備で強行すれば命がないのは明白として、潔く撤退を決断する。探検家は、強く前進できるときと、命を守るために撤退するときの見分けがつくものらしい。私には極限状態に思えてもヘディンは前進するし、その勇気で前進してしまいそうに思うところであっさり撤退するからだ。彼には、凡人には分からない自然のシグナルが読み取れるのだろう。経験でも分析でも得られない自然のシグナル。それを読み取る力は、信仰厚いヘディンが神から授かった才能であり、その決断は彼に使命を全うさせるために神が決めたもうた運命でもあったかもしれない。ヘディンは、少なくとも自説を自ら確かめ、「もう一度ロプ湖を見たい」という目標をしっかりと達成したのだった。

ヘディンの作品が世界的に愛読された背景には、学術的に優れた記録を残したことのほかに、サーガの国に生まれ、詩的な情緒や動物への愛情、人間としての徳を備えた彼の魅力溢れる文体があると思う。文章は、自然への謙虚さと、物事を直視してありのままに捉える科学者らしい分析力、この先がどうなっているのか見届けてやろうという探検家魂、そして極限にあっても美しいものを見逃さない美的感覚に満ちている。なかでも「さまよえる湖」には、その詩的な描写が随所にちりばめられていて、探検記というよりフィールド観察といってもよいくらいに繊細である。

オールを岸へ突っ張ると、カヌーは水にすべりだし、不断の流れに運ばれて行く。

新しい日が始まった。ひっそりした印象深い独特な風景が、朝の光のなかにその輪郭と色彩を広げた。空はすばらしく澄んでいる。両岸には、灌木やアシの、かさかさな下生《したば》えのあいだに、荒れはてた疎林が点々としている。空だけが、ただ水に映ったその反映と同じように青い。そのほかのものはみな褐色と黄色味を帯びた灰色である。
（「さまよえる湖」岩村忍訳）

四月十日。目をさますと、サリック・ブラン「黄色い嵐」が吹いているのに気がついた。（中略）波は船腹を強く打ち、なかにもはいってきた。なにもかも、しぶきを浴びて、びしょぬれだ。切り立った浸蝕《しんしょく》段丘とアシとが風よけになるので、風下の崖下は静かであったが、川が東の方へ曲がって、最後の突端を過ぎ、風に吹きさらされると、波がまたおどり始めた。（中略）水中にはまり込んだり、川の中央の浅瀬にへばりついているポプラの幹の上を、すべり越えていくこともあった。（中略）ガンが頭上を飛び去った。まだ細工していないルビーのような太陽が、砂の霧の中を沈んでいく。
（同前）

ヘディンの描写は多くが視覚的で、体感的なことは、水の味や砂の手触りなど、探検中に自分の体に起こった実際の感覚もしくは「命に関わる情報」として書かれていることが多いように思う。しかし、そうした情報描写を踏まえてこの視覚描写を読むと、なまじ体感的な表現を連ねるよりも、よほど強い実感を伴ってさまざまな感覚が伝わってくる。これはヘディン作品の大きな特徴ではないだろうか。砂漠の風、砂嵐の威力、河の冷気。私は、絵でも写真でもついに見ずに終わっている異国の砂漠の風景をヘディンの言葉から読み取りながら、これらをリアルに感じることができた。砂丘を訪れたり河下りをしたときの感覚は、読解には大いに役立った。ヘディンの文体は、かくして時代も空間も超え、一人の〝シーンレス〟に探検の醍醐味を実感せしめたのだった。

ヘディンの記録から、もうひとつ大きな発見をした。それは、人間には「文明を使いこなす技術」が必要だということだった。自然のなかで生きるにはある種の野生の勘が必要だ。だがヘディンのような遠大な探検を「確実に」やり果《おお》せるには、原始的な経験則や昔の人がもっていた「驚異的な知識」だけでは無理なのだ。

ヨルチのように人を騙《だま》せるほど砂漠の旅に長《た》けている「砂漠の民」であっても、キャラバンが事実上「死の行軍」になったことが分かると、われわれはテレスマート（魔力）にかかっているので砂漠からは永遠に出られないうえ、その魔力は太陽さえばかすものなのだから、コンパスなど役に立たないと絶望する。しかしヘディンは、コンパスは信頼できる機械だと冷静に説明する。その信念は最後まで変わらず、ついにコンパスを手放さなかったヘディンは、唯一ホータン河に辿り着く人物となったのだ。砂漠の民でも隊商でもなく、遠い北欧からやってきた文明人のヘディンがである。

このように、彼は文明にぜったいの信頼をおき、どんな未開の地に踏み入っても文明のなかで築かれた法則や知識を揺るがさなかった。何度かの失敗はあったにもせよ、彼の探検がこれほど確実な成果をもたらし得たのは、彼が自然を熟知しながら文明も完璧に使いこなしていたからにほかならないのではあるまいか。

タクラマカン砂漠の恐ろしい行軍から三十年あまりが経ち、世界は大きく変動した。中国各地にも普通に飛行機が飛び、自動車道路が目覚しい速さで整備されていった。一九三〇年代の戦乱のなかでも、ヘディンたちは中国当局やソビエトの援助を得て、シルクロード探検を成し遂げる。途中で彼らが戦乱に巻き込まれて監禁されたために全行程は制覇できなかったものの、昔のシルクロードを生かして自動車道路を整備すれば中国も「他国人と競争することもできる」という彼らの仮説は、それなりに実証された。そのことが現代にとって良かったのか悪かったのか、にわかには言えないけれど、ともかくヘディンたちは、長年の探検を快く支援してくれた中国政府への「恩返し」も兼ねてこのルートを踏査し、ここでも大いに功績を上げた。そして、自動車や飛行機、電信という文明の利器は、その功績に間違いなく大きく貢献した。このころには、中国政府も中央アジアに文明を導入することに真剣になりはじめ、ヘディンたちの扱いもずいぶん変わってくる。

そこで私の資格であるが、さしあたり「鉄道部長顧問」ということで、探検隊の指導に任ぜられることになった。私が必要と認めた医者、地形学者、数人のスウェーデン技師を同行することもそれにつけ加えて許された。（中略）まず、ゴビ砂漠を横断したわれわれは、昔の皇帝大街道とも呼ばれている「シルク・ロード」に沿って帰ってくる、というのがわれわれの選んだルートである。（中略）遠征隊の研究員は、めいめい旅行免状を下付してもらい、武器の携行や自動車通行証のこと、国内関税の免除など、すべて認証されることになった。

（「シルク・ロード」長尾宏也訳）

「中央アジア探検記」で馬車に揺られていたヘディンは、いまや中国とスウェーデンの共同調査隊を率いて、最新式の自動車で砂漠に乗り込んでいる。自動車が砂に嵌りこんで往生することもしばしばあり、実際には自動車でなければもっと短期間に探検ができたとヘディンは書いているが、何しろ目標が「自動車道路の建設調査」なのだから、ここはやはり（駱駝隊は別に組みながらも）自動車でいかなければならない。「シルク・ロード」には自動車や電信をめぐるエピソードが多い。ガソリン調達のために定期的に町に入ったり、中央からの電報が受け取れたり、命が惜しければ自動車をよこせと脅されたりと、中国でもすでに文明の利器が生活に深く入り込んでいた。

しかし文明を使いこなしているからこそ、ヘディンは文明を自然の生活に優越するものだとは決めつけていない。たとえば砂漠に自動車道路を通すことについてはこう述べている。

キャラヴァンや駅逓馬の鈴の音に代わって、汽笛や警笛が砂漠の曠野《こうや》に高く鳴りわたるということは、幾多のほほえましき、また哀愁をたたえた昔語りも失われるにちがいない。しかしアジアの奥地は広大無辺際であって、古い輸送方法をつづけてゆく余地は十分ある。タクラマカン砂漠だけについていっても、その砂漠の本来の平和を破りうるものは飛行機以外には、いまのところ見あたらない。クラスノボドスクからサマルカンドを経てアンディシャンに達する鉄道は、西部トルキスタンの住民には、いささかも影響するところとならず、彼らは、昔ながらの美しい暮らしを楽しんでいることも事実である。（同前）

こういうところが、彼の人格の厚みであると私は思う。

ヘディンは言語にも堪能で、母国語のほか、英語、ロシア語、中国語、砂漠の民の言葉も解した。そのため地名の説明や言葉への言及は大変興味深い。また、マルコ・ポーロの「東方見聞録」やイブン・バトゥータの「三大陸周遊記」など過去の探検記との比較も面白いことを、付け加えておく。特に砂漠の地形や状況について、ヘディンが六百年前のポーロの記述を詳細に検証している点は注目される。

最後に、ヘディンの作品から私に直接つながった感動的な一節を見つけたことをお伝えしたい。

停車すると、おおぜいの人々が、われわれのまわりをとりまいた。赤い衣をまとった坊主頭のラマ僧、士官、兵隊のあいだに、数人のヨーロッパ人も目についた。団長格のラルソン閣下、ロイテル通信員のオリヴァー夫妻、アヴァス社特派員のエム・ベチラート氏らがいた。彼らは、内蒙古《ないもうこ》独立に関する蒙古諸王と中国内政部長との会議のもたらすニュースを記事にするために、ここ百霊廟《ペリミヤオ》にやってきていたのである。

（同前）

十九世紀に設立された通信社ロイターは現在世界的な金融情報会社となり、私たちにも身近なニュース提供者である。ヘディンは、アジアの深部でそのロイターの通信員と出会ったというのである。二十一世紀というこの時代は、こうして探検し、記事を書いていた人々の築いた歴史から、直接つながっていて、私もそのなかにいる。そのことの重みが、ずっしりと心にしみたのである。

商売のためでも政治のためでもなく、中央アジアの謎を人類のために解くという貢献に、ヘディンは一生を捧げ、命を賭した。私はその献身に心から敬意を表する。

谷川俊太郎
効果音の名手が追求する「自我」とは

何はともあれ、次の詩を声に出して読んでみていただきたい。

いるかいるか／いないかいるか／いないいないいるか／いつならいるか／よるならいるか／またきてみるか／いるかいないか／いないかいるか／いるいるいるか／いっぱいいるか／ねているいるか／ゆめみているか
（「いるか」）

谷川俊太郎という名前を聞いて、この詩を思い出す人も多いことだろう。私もその一人であり、この詩によって言葉のリズム感を育てられたといえる。私はこの詩から言葉の躍動という感覚に目覚め、現在の俳句学習につながっていった。いまの子供たちにとっては、ラップもそんな覚醒的役割を果たすのかもしれないが、ラップが楽器に乗った言葉であるのに対し、谷川作品は、楽器を伴わずして同じリズム効果を読者にもたらしている。私が谷川作品を初めて意識して読んだのは小学校低学年のころ、「デビュー」はこの『ことばあそびうた』だった。伝達手段としての言葉に加えて芸術としての言葉の深みにも目覚める力の付いてくる時期だったこともあり、私は長い間、谷川作品といえばこのようにリズミカルでペーソスのある詩ばかりを連想していたぐらいである。

　言葉のリズムということだけでいうなら、日本語でリズミカルな詩を書いている人はほかにもいる。私を詩の魅力に目覚めさせてくれたもう一人の詩人、まど・みちおの詩も、谷川よりは大きなフレーズの取り方をしているが、非常に音楽的である。金子みすゞもその意味ではリズムをもっているし、古くは和歌や江戸俳諧、連歌、漢詩の読み下し文も大変魅力的な音楽性をもっている。

　しかし、それらの無数のリズミカルな詩のなかで、子供の私の心をとりわけ強く捉えた谷川式リズムの本質とは、何だったのだろう。

かっぱかっぱらった／かっぱらっぱかっぱらった／とってちってた／かっぱなっぱかった／かっぱなっぱいっぱかった／かってきってくった

（「かっぱ」）

小気味よい言葉に乗せられて一気に最後まで読んでしまうのだが、谷川式リズムの秘密を見つけるために、立ち止まってこの詩の中身に注目してみよう。

河童《かっぱ》が、ラッパをかっぱらって（盗んで）きた。兵隊さんか学校の楽隊か、誰かが大切にしていた高そうなラッパ。ピカピカと輝くラッパを、いったいどうやって失敬してきたものか。河童は嬉しくてすぐに稽古にとりかかる。すると、神通力のせいか、人間には簡単には鳴らせないはずのラッパが、思いの外景気のよい音で鳴ってくれた。

「とってちってた」

河童はさぞかし楽しかったことだろう。とってちってた、とってちってた。これは、フランス軍の手法を取り入れて、日本の軍隊でさまざまな指示を知らせるために吹かれたというラッパの形容としてよく聞く音だ。してみると、やはりこれは兵隊さんのラッパだったのか？　それはともかく、河童がラッパをかっぱらったという音韻のほかに、ここには「とってちってた」という、ラッパそのものの音が入っていることに注目したい。

そんなある日、河童は菜っ葉を手に入れた。原文には「かった」とひらがなで書いてあるので、良い子（？）だった私は河童が今度は菜っ葉を盗まずに「買ってきた」のだと思っていた。しかしもちろん、ラッパをかっぱらうぐらいだから、河童はお金をもっていないだろうし、菜っ葉はその辺の畑にどっさり生えていたと思われるので、この「かった」は「刈った」かもしれない、と後年思い当たった。小腹の空いた河童は、ちょいと刈りとってきた一把の菜っ葉を食べることにした。「切って食った」とあるが、もちろん包丁で切ったのではなく、「河童の切り方」で切ったのだろう。

さて、ここにも詩に書かれていない音がある。まず菜っ葉を刈るザクザクという音。そのほかに、菜っ葉を「河童のやり方」で切るズクッズクッというような音も入っている。その菜っ葉をおいしそうに食べるシャクシャクという音。ラッパや菜っ葉を取りにいく河童の、ヒタヒタという濡れた足音や、失敬するときに河童なりに感じるであろう緊張感から息を潜めている雰囲気までが、気配として伝わってくる。

このように、谷川式リズムのなかには、日本語の音韻の楽しさや美しさに加え、意味をさりげなく補う副次的な実音が、効果音として織り込まれているのである。この詩の音韻にひたすら耳を遊ばせていた子供時代にはそこまで気が付かなかったのだが、こうして細かく音を聞き分けてみると、谷川作品のリズムから生まれるものと、他の詩のリズムから生まれるものの違いがはっきりと分かってきたように思えた。私が『ことばあそびうた』の詩集に不思議な惹かれ方をした理由は、この言外の音にあったのかもしれない。

言葉遊びの色よりも意味の色のほうが若干濃いものとして、詩集『わらべうた』がある。より効果音が聴き取りやすいので挙げてみよう。

みちがにぃほん　むらはずれ／みぎへあるけば　かわがある／ひだりへいけば　やまがある／ひよどり　のんびり　いきどまり
（「みち」）

道の行き止まりにヒヨドリ、絶妙な効果音である。スズメやトンビでは長閑すぎて行き止まりの感じが出ない。同じ里の鳥でもメジロではかわいすぎるし、ツバメでは空間が開けすぎてしまう。ここに、声に緊張感のあるヒヨドリをもってきたセンスこそが、谷川的効果音の感覚なのだろう。

ところで、谷川作品には、自ら述懐しているようにクラシックなど音楽の影響があるようである。それは、たとえば「ラモーが小鳥の羽ばたきと囀りを聞いて」などの詩からも分かる。谷川が言葉以外の音にも耳を傾けて詩を書いたとしたら、その背景にはあのフランスサロン音楽特有の装飾音、中でもクラブサン（チェンバロ）で奏でられるチリチリ、ツロツロという細やかな音に惹かれていたことがあるかもしれない。ただし私の主観で書かせていただくなら、谷川のリズムは効果音的ではあるが、和声の面からいうと、まど・みちおや金子みすゞのほうが和声的なような気がする。それはリズムが整っているということではなく、より大きなフレーズで捉えた全体の響きのあり方である。和声的な詩が歌曲のようだとすれば、谷川の詩にある効果音的リズムは、主に子音によって構成される装飾音にたとえられるかもしれない。

次に、大人として谷川作品を読んだときに着目したテーマ、「自我の受容」に触れよう。

あなたに／生きつづける人間のイメージを贈る／人間は宇宙の虚無のただなかに生まれ／限りない謎にとりまかれ／人間は岩に自らの姿を刻み／遠い地平に憧れ／人間は互いに傷つけあい殺しあい／泣きながら美しいものを求め／（中略）／人間は一瞬であり／永遠であり／人間は生き／人間は心の奥底で愛しつづける（「三つのイメージ」）

この詩集を読んでいて、私はいくつかの作品の中に、谷川が追求する自我の一端が表れているように思った。実は、「自我」と「無我」の問題は私にとって大きなテーマである。そのために「言葉遊び」を卒業して大人になると、今度は新たな角度から谷川作品に惹かれていった。素朴に読むだけでも、谷川作品には、近代的な自我の謳歌と、現代的な自我喪失の不安感が混在しているように思える。

近代的な自我は、随所に見られる「僕」という言葉から感じられた。自然観察の視点では、自然のなかにいる「自分」はあくまで生態系の一要素にすぎず、それが「僕」でも「私」でも問題にならない。私の場合は、その「無我」を小鳥たちの囀りの中で実感したことで「生かされている」という感覚を確信した。谷川の自我は、それとは対極をいく自己感覚である。宇宙がどんなに大きかろうと、世界がどんなに躍動的に動いていようと、地球上でどんなにたくさんの人間がうごめいていようと、その中心には必ず、それらすべての動きを見詰めている「僕」がいるのだ。自我の存在は揺るぎなく、いまここに自分が存在しているという自覚こそが、谷川に自身の存在価値を悟らせてくれる大切な感覚のように思う。しかし同時に、自我が確立していればいるほど、そこから逃れることは難しくなる。デカルトの表現でいえば「我思う」という事実をどうしても乗り越えられない自我の限界が、そこにあるのである。これは「自我」であって「自己」ではない。「自己」は自分の足で立つという自立の現象なので、個人が感じているのが「自己」であれば、外界に乗り出すことは可能である。自立していれば、歩き出すことも自身でできるからだ。

対して「自我」は、周囲のものや人に向かって「自分の存在や視点を主張する」という要素を含むので、主張したときに相手が認めてくれなければ満たされない。また自分自身も、自らの自我を認めてやらなければ、自我は満足しない。従って、自我から逃れて無我になったり、自然や神仏に対して無条件に畏敬の念を抱いたり、たとえば「生かされている」といったダイナミックな世界観を得るには、相当な困難が伴うのではないかと思う。

哲学者で法政大学総長だった谷川徹三氏を父にもつ俊太郎は、仏教的な精神教育や基礎知識をしっかり仕込まれて育っていたことだろう。それに基づいて哲学を学ぶ素地もあったであろうし、西洋の思想や宗教にも造詣が深かったと推察される。「ラモーが小鳥の羽ばたきと囀りを聞いて」の詩の終わり近くには、「ラモーは神を畏れるあまり神に近づいた／ぼくは神を信じようとして偽善者に近づくだけ」と書いており、自らも信仰できる心に憧れたり、ときには実践を試みたりもしたかもしれない。

しかし、それらの努力は、彼の自我があまりに確立していたために、報われなかった。素直に神仏を受け入れ、運命を預けてしまえたらどんなに幸せだろう。でも、それは「僕」の存在を壊してしまうような気がする。「僕」は歴然とここにいて、思考している。だから、手放しにお題目を唱えるわけにはいかない。そんな谷川の自我の叫びに出会い、無我に憧れ、無我を目指すことばかりに目が向いていた私は「我とは何か」という強烈な質問に立ち返らされたのだった。

宇宙はひずんでいる／それ故みんなはもとめ合う／宇宙はどんどん膨んでゆく／それ故みんなは不安である／二十億光年の孤独に／僕は思わずくしゃみをした
（「二十億光年の孤独」）

自我を通すことは、気持ちはよいが孤独である。自由と孤独が表裏一体であるように、自我の実現と孤独もまた、表裏一体なのではあるまいか。自我の衝突を避けるためには自分か相手のどちらかが折れなければならない。それが「無理」と判断されたとき、自我は満たされるが、代わりに孤独を引き受けることになる。この矛盾が永遠のテーマとなってその人を支配していくように思える。

谷川の自我は人と衝突するような攻撃的なものではなかったにせよ、自身を孤独に感じさせるものではあっただろう。その孤独感の一つの表れが、谷川の「信仰観」のように思う。私は大学で信仰を持つ人と多く関わった経験から、谷川の苦しみの一端に少しだけ共感できる気がする。「信仰に逃げない」ことは、自我の強い人にとって一つのプライドでもあるかもしれない。しかし一方では、「信仰する心をもてないつらさ」も、感じているに違いない。どちらを選ぶかは個人の自由とはいいながら、信仰というものは、信じると決めたからといって強められるものではないからだ。それはむしろ、与えられ、備わったうえで個々人の心がけで育っていくものであって、自我の中から生まれた決断によって実現するものではない。また、信仰するということは、けっして現実逃避ではない。信仰の実践には、ときには隠れキリシタンなどのような命懸けの決意を強いられることさえあるのだから。自我の強い人はここに気付いていて、信仰に踏みきれない頑《かたく》なさを自覚しているのだろう。

うそつき　うまれつき／つきのさばくで　かねをつく／ついてもついても　つききれぬ／だれもきかない　なんまいだ

（「うそつき」）

ひとだまひとつ／ふたしてふたつ／みつめてみっつ／よつゆによっつ／いつまでいつつ／むっつりむっつ／ななしのななつ／やつれてやっつ／ここにここのつ／とおくにとお／なむじゅういちめんかんぜおん／じゅうにしょごんげん

（「かぞえうた」）

鐘を撞いてもなんまいだを唱えても空しい、それを聞く人なんかいないだろう、でも「僕」はそれを聞いている。人魂も見えている。谷川は、信仰と距離をおいて、その空しさを歌い上げることで、むしろ信仰を無視できない己の孤独な心を吐露しているのかもしれない。

自我が全盛だった近代なら、「我思う」と言えば認めてもらえた。しかし、現代はマスの時代となり、自己は尊重されても自我はマスの中に埋もれることが多くなったのではあるまいか。「個人の自由」で不登校を続けるうちに社会人の年齢になり、結局適応できずに引きこもってしまったり、自我を認めてもらえないことに苛立って「誰でもよかった」と人を傷つける若者が現れたりといった現象は、日本だけでなく世界的なものだと聞いている。このマスの時代、「僕」という近代的自我はもはや人間に己の存在価値を確信させてくれる感覚とはなり得なくなったのかもしれない。だが、それに代わるものがまだ見つからず、私たち現代人は「二十億光年の孤独」に苛まれている。谷川は、近代型の自我を持ちながらも現代の孤独を感じ取り、まさにその時代に突入しているいまも、その不安を払拭してくれる感覚を模索しているのだろうか。

みみをすます／じゅうねんまえの／むすめの／すすりなきに／（中略）／ひゃくねんまえの／ひゃくしょうの／しゃっくりに／（中略）／せんねんまえの／いざりの／いのりに／（中略）／いちまんねんまえの／あかんぼの／あくびに／（中略）／じゅうまんねんまえの／こじかのなきごえに／ひゃくまんねんまえの／しだのそよぎに／せんまんねんまえの／なだれに／いちおくねんまえの／ほしのささやきに／（中略）／かすかにうなる／コンピューターに／（中略）／みみをすます／どこかでギターのつまびき／どこかでさらがわれる／どこかであいうえお／ざわめきのそこの／いまに

（「みみをすます」）

これは、一九八二年の詩集『みみをすます』の詩である。この詩では、三十年前に当たる一九五二年に発表された『二十億光年の孤独』に見られる強い自我の叫びのようなものが心なしか薄らいでいるようにも感じられる。マスの時代、悠久の時間が自我を飲み込んでいくこと、それでも自己は存在し、その事実を信頼することは可能であることを作者は実感したのかもしれない。

谷川が生まれたのは一九三一年。その後八十年余りを経た近年の詩のなかで、『みみをすます』から約二十年後となる二〇〇三年の詩集『夜のミッキー・マウス』における谷川の自我はどうなっているだろうか。

私はドナルドと話しているんだ／誰にも聞こえない夢の言葉で／ガアガアと家鴨は私に教えてくれる／満足すればいいのさと／このままでそのままであのままで

（「朝のドナルド・ダック」）

重い引き戸がごろごろと開けられる音がする／誰かが家に入って来たのだ／こんなに朝早いのに／（中略）／籐椅子《とういす》や掛け軸や篩《ふるい》や植木鉢が／積み重なっていた古い土蔵／そこで昔かくれんぼをして遊んだ／そのときの私だろうか／いまこの家に入って来たのは／言葉もなく

（「目覚める前」）

やはり自我は、マスに融合し、現在の己の姿と共存することによって心が満たされるという感覚に近付いているように思うのだが。国語の授業で一番苦手だった詩の解釈に挑戦している私が、こんな我流の解釈をしたら叱られてしまうだろうか。しかし、自我の横暴を制御できずにマスの時代を生きなければならない現代の私たちにとって、谷川が模索してくれた自我の軌跡は、未来の自己をイメージするうえで、大きなヒントになるであろう。そのことだけは、間違いないような気がする。

中国の文学者の田原《ティアン・ユアン》氏とのインタビューで、谷川はこう語っている。

『ことばあそびうた』は私の書いたさまざまな形式の詩の一つに過ぎません。それらの詩を書こうとしたとき私の頭にあったのは、現代詩に韻律復活の可能性を探るということでした。結果的にはほとんど駄洒落《だじゃれ》、地口と見まがうような、わらべうた風の詩を作ることになり、それがかえって広範な読者を獲得したことにつながったのですが、同時にそのような方法では扱う主題に明らかな限界があることが分かり、したがって現代詩に新たな可能性を開くことにはならなかったということです。

私を言葉のリズム感へと導いたあの衝撃的な詩が「新たな可能性を開くことにはならなかった」とは意外な気もするが、その実験に大きな価値があったこと、それが私のような子供の心にたしかに響いていたことは、紛れもない事実である。谷川自身も「耳を澄ませ」ているように、その耳を通して私は、言葉と、その背後に流れる豊かな効果音にも耳を澄ませる術を、教えてもらったのである。

あらためて年代順にいくつかの詩集を紐解《ひもと》いてみて、谷川俊太郎は「永遠の進行形」の人なのだと思った。私の世界観はどちらかといえば、谷川よりもまど・みちおに近いと思うのだが、にもかかわらず子供時代から谷川の詩に惹かれたのは、おそらくこの「進行形」の詩観が私の波長と合ったからなのだろう。まど・みちおは、童心のファンタジーを通じて愛らしい世界を描き続けた。それは夢見がちな私の性格にぴったり合っていた。だが一方で、夢だけでは克服できない現実に向き合うために、谷川のように強い自我と主張をもった詩人と出会うことも、また必要だったのだろう。

この点から、詩選集（『谷川俊太郎詩選集2』）の解説で、高橋源一郎氏が紹介しているエピソードは興味深い。大学の講義で学生に尋ねてみると、谷川俊太郎の詩が教科書に載っていたことはクラス全員がおぼえていたのに、どんな作品だったかは誰もおぼえていなかったというのだ。幼いころの記憶なので曖昧になるのは無理もないが、それにしても、みんなが「おぼえてない」と答えてしまうのはただの偶然なのだろうか。私の場合、言葉遊びが楽しくて、「いるか」などを点字の練習を兼ねて書き写したり、読み合ったりしたのでまず記憶に残った。そして国語の先生は、常に「○○の気持ちになってどう思う？」と問いかけていた。自我という大人の言葉ではなかったけれど、おそらく私は、谷川作品を授業で読むなかでこうして「気持ち」について考えさせられながら、自然に自我の問題にも触れていたのだろう。「おぼえていない」と答えた学生たちに谷川を読ませた先生が、こうしたテーマにストレートに触れていたのか、この作品に強烈な印象をもった私には不思議なところである。

自我の横暴に悩んでいるなら特に、谷川作品を時代順にゆっくりと味わってみるのがお勧めである。

宮沢賢治
自然と文明を聞き取った天才の耳

賢治の音といえばオノマトペや擬態語を思い浮かべるかもしれない。だが私が取り上げたいのは、作家として賢治が「描いた」音ではなく、フィールド観察者として「聞いた」音である。賢治作品には、そうやって聞いた音の最も特異なものが選《え》りすぐられ、絞り立ての果汁のように作品に抽出されている。幸いイーハトーブの地を実際に訪れる機会をいただいたので、現地の雰囲気も感じながら考えることができた。

賢治の「聞いた音」に注目したのは、音に満ちているかに見える作品が、実は「静か」だと思ったからだ。

あめと雲とが地面に垂れ／すすきの赤い穂も洗はれ／野原はすがすがしくなつたので／花巻グランド電柱の／百の碍子《がいし》にあつまる雀／掠奪《りやくだつ》のために田にはひり／うるう

るうるうると飛び／雲と雨とのひかりのなかを／すばやく花巻大三叉路《だいさんさろ》の／百の碍子
にもどる雀　　（「グランド電柱」）

「すすきの赤い穂も洗はれ」るぐらいの雨なら、野山はパラパラ、サワサワと音を立てていたことだろう。「すがすがしく」なる程度なので、横殴りに降る大粒の雨や、馬の背を分けるような土砂降りではない。

　そこに、雀の群れが登場する。「あつまる雀」なら五羽や十羽ではあるまい。皆が丹精している田んぼに飛来し、大切な稲をつつき回し、さらなる餌を求めて「うるうるうるうると飛び」、一休みのため電柱の辺りに集合する。稲雀は俳句の季語でもあり、数百羽単位のことが多い。明け方に軒下でチュンチュンやっている可愛《かわい》い雀も、数百羽ともなれば、もはや小鳥より喧騒という一つの固まりである。広大な田畑と薄野《すすきの》を自在にうるうる飛ぶ雀は、舞いあがっては降り、降りては舞い上がって、電柱に集まる。凝縮された喧騒がますます濃密になり、まるで電柱が雀の声で鳴き出したかのようだ。

　なお、秋に稲を食い荒らすのはニュウナイスズメであり、日本のスズメではないとの指摘もある。ここではスズメとしか書いていないので判断が難しいが、動植物の名前に厳格だった賢治の書き方を考えると、日本のスズメと読むのが自然と判断し、チュンチュンの声で聞いていている。

そんなに賑やかな場面なのに、実際聞こえているのは雀の声と雨の音だけである。詩の舞台である里にいると考えられる動物や人間の存在が表に出てきていないため、自動車など、雀の声や雨よりも大きな音がしない。数百羽の雀の声や野原に落ちる雨の音なら近くでは大きく聞こえそうだけれど、実は「はっきり」分かるだけで、「大きく」聞こえているわけではない。広大な田や野原は吸音効果があり、ごく微妙な音にしかなっていない。雀の声と雨を差し引くと、辺りは深閑と静まりかえった寥々《りょうりょう》たる沈黙の大地になる。賢治にとって賑やかな場面だったとしても、都会の喧騒のなかで暮らす私には、この微妙な音は「静けさ」の一種と感じられる。こうして聞き分けた結果、この詩は静かな光景に思えたのである。

　賢治が聞いていた音は、汽車のような大きめの音でも、現代の騒音やスピーカーの音量からみたら実に慎ましく、かそけき音だったとも言えるだろう。それらは大地と天空によって程良く吸音され、和らげられ、同時に吸音によってかえって鮮やかにフォーカスされている。賢治作品の舞台の大半は、自然と切り離せない。そのため、作品から聞こえる音を「自然界の静かな音」と感じるのは、無理のない聞き方ではないかと思う。

　一方、自然界には沈黙も存在する。曇天の午後、七つ森（盛岡市雫石町《しずくいしちょう》）の「囀りの里」に佇《たたず》んだ。そこには囀りどころか、不気味なほどの沈黙があった。音も、虫や動物の影もなく、微風すら吹かない。ひんやりとした湿気を放つ沼を囲んで、樹木が気も発せず亭々《ていてい》と立ち尽くしているばかりであった。生き物の宝庫である自然界には、季節と場所と時間によってこんな、深い沈黙に満ちた「真空スポット」が生まれる。冬ともなれば、その真空が山全体に広がり、季語でいう「山眠る」の状態になる。本物の自然界は、基本的にはこの沈黙が支配しており、そのなかで生き物や天候の音が時折さざめいたり騒いだりするのが実態なのかもしれない。火山や雷鳴はともかく、多くの自然音が鮮やかながらも「静か」なのは、この本来の音の聞こえ方ゆえではないか。賢治は自然音を描写しながら、背後に通奏低音として流れる沈黙の音を聞いていたのではなかったろうか。

視点を変えて、沈黙のなかで聞こえてくる音を拾ってみよう。

そして（山男は）日あたりのいゝ南向きのかれ芝の上に、いきなり獲物を投げだして、ばさばさの赤い髪毛《かみけ》を指でかきまはしながら、肩を円くしてごろりと寝ころびました。

どこかで小鳥もチッチッと啼き、かれ草のところどころにやさしく咲いたむらさきいろのかたくりの花もゆれました。

山男は仰向けになつて、碧《あを》いああをい空をながめました。

（「山男の四月」）

この件で聞こえるのは「チッチッ」と鳴く小鳥の声だけである。林近くの日向《ひなた》の斜面でチッチッと鳴く鳥の声としてまず思いつくのは、ホオジロの地鳴きだ。シジュウカラなどが小声で鳴いたとも考えられるが、この仲間の声は多彩なので「チッチッ」と単純には描写されないと思う。小鳥ならどれでもチッチッと鳴きそうだが、アオジだとチッと一声だし、ハクセキレイならチチッと弾むし、ウグイスの地鳴き（笹鳴き）はチッチッよりチャッチャッと強い。この場面では「南向き」とわざわざ断り、そこにカタクリが咲いていると、カタクリの生態に非常に忠実に描写している。同じく、「チッチッ」も、小鳥一般の鳴き声を安易に文字にしたとは思えない。そこで身近な「チッ」で鳴く鳥を思い浮かべ、チッチッならホオジロではないかと考えた。

この場面の前には、山男が兎を探して「にしね山のひのき林のなかを」歩いたことと、思いがけなく山鳥が「びつくりして飛びあがるとこへ」行き会ってそれを仕留めたことが書かれている。文字の向こうには、林を歩く山男の足音や息遣い、林の小鳥たちのさざめき、ヤマドリが驚いて文字通り「足元から鳥が立つ」状態になったときの、あのボボボという羽音が聞こえている。ここまでで読者は、静かな林のなかで小さいが鮮やかな音をいくつも聞き、すっかり山男の目と耳になって森から出てきて斜面に寝転んだ心地になっている。

斜面では何が聞こえているだろうか。場所と日和を考えると、林や野原で囀る小鳥たちの声は、ほぼ持続していたと思われる。それを背景に、木々の葉擦れ、近くの木陰で鳴くカケス、遠くの斧《おの》、もしかすると、もっと遠くの汽車の音もかすかに聞こえていたかもしれない。それ以外は、すべてユルユルと続く自然の音だったと考えてよいのではないか。

賢治作品の自然音の多くは、反復を含めた「持続音」であるように思える。すべてがそうではないのだが、大半の場合、「持続」をテーマに聞いていくと、作品全体が一つの法則をもった音楽に聞こえてくる。自然界には揺らぎをもった雑音があり、録音するとその周波数に必ず持続的な音が入ると聞く。実は、録音の対象でないため雑音と位置づけられてしまうこの音こそが、人に心地よさを与えると言われているそうだ。賢治作品にはこの「美しき雑音」が流れていたのではなかろうか。

この角度から、山男を囲む音を聞いてみよう。ヤマドリの羽音以外、斜面に寝転ぶまで聞こえているのは囀りや森のざわめきなど、持続性のある音である。寝転んだところで小鳥がチッチッチッと鳴くが、賢治はそれをあくまで持続音の一部のように聞かせているので、最初はチッチッの重要性に気付かないかもしれない。

だがこのチッチッを境に、場面は一気に聴覚から視覚へとシフトする。太陽や雲を眺めながら飴《あめ》や雲のことを夢想しはじめると、山男は体が軽くなってフラフラと七つ森に行き、樵《きこり》に化け、「すぐ」のところにある町へ出ていく。

ただ、宮沢賢治記念館の牛崎副館長（当時）によれば、「子供のころよく山菜などを取りに行った」七つ森は、町から「すぐ」とはいえ、それなりに距離があった。現在もバスやタクシーに数十分乗らなければ行き着かない。

山男は、夢のなかでその距離を一気にワープして町に着いたことになる。この辺りでは、もはや小鳥や葉擦れやそよ風は聞かれない。町の入り口の魚屋で蛸《たこ》を見ている山男の周りには、「円い鉤《かぎ》をもち、髪をわけ下駄をはいた魚屋の主人や、けらを着た村の人たち」がいる。彼らのさざめきや足音、子供たちや犬猫の声など「喧騒」が聞こえているだろうが、自然界の持続音ではなく、個々の音の積み重ねによる喧騒である。だがそれに注目する暇もなく、謎の「支那人」が現れる。その瞬間、二人はまた野原にワープするが、またも音を聞く間もなく、山男は六神丸《ろくしんがん》なる妖し気な薬を飲まされ、小さな箱のようなものに変えられて馬車に積み込まれてしまう。その後は支那人の立てる音のみになる。「（山男をうまく騙せたのを喜んだ支那人が）ひょいひょいと両脚をかはるがはるあげてとびあがり、ぽんぽんと手で足のうらをたたきました。その音はつづみのやうに、野原の遠くのはうまでひびきました」とある「人間の出す単発音」が、野原を貫いて自然の持続音を消す。支那人は子供にも六神丸を飲ませようとするが、山男が反撃に出て、夢が終わる。

目覚めたときの描写は「雲はひかってそらをかけ、かれ草はかんばしくあたたかです」とあり、さきほどの持続音を背景に、ヤマドリを仕留めたときと同じ山の景色になっている。南斜面がまだ温かかったのなら太陽も少し動いただけだったわけで、夢を見ていた時間もさほど長くなく、故に持続音も先ほどから変わっていないことになる。

この作品には、小鳥の囀りや森のさざめきといった持続的な自然音から始まり、町や「支那人」など持続しない個々の音が重なる夢を経て、ふたたび山の持続音に戻ってくるという、はっきりした「音の流れ」が聴き取れる。自然の持続音を通奏低音とした、ABACAのロンド形式にも似た音の流れである。

次に、小岩井農場とイギリス海岸を訪れた印象から作品の音を味わってみたい。

小岩井農場では、丘をまっすぐに吹きあがってくる風に髪をなびかせながら芝生の勾配を登った。カワラヒワがビーンと繁殖期の声を交えて囀り、雀たちが元気に「浮かれ歌」（満腹・安全なときの嬉しそうな鳴き方）を交わしていた。広い台地から空まで声を通して鳴いているのか、「チュン」の声にしっかり低音が混ざり、鋭さがある。「グランド電柱」に集まった雀たちも、こんな声だったのだろうか。

ここで印象的だったのは、東京近辺で近年聞かれる唸りに似た騒音が蔓延《まんえん》していなかったことである。数年前は、少し遠くにいけば首都圏も静かだった。だが、道路の舗装が変わったせいか、いまはどこにいっても走行音がついてくる。小岩井では、個々の自動車の音はあっても、あの纏《まと》わりつくような走行音がなく、鳥の声や風、葉擦れ、人のさざめきといった素朴な音がかわるがわる鮮やかに立ち上がり、久々に出会う「本来の音」の聞こえ方だった。賢治の時代にはもっともっと静かで、星の瞬く音さえ聞こえたかもしれない。そのなかで、賢治はいろいろな持続音を聞いていた。

どうしたのだこの鳥の声は／なんといふたくさんの鳥だ／鳥の小学校にきたやうだ／雨のやうだし湧いてるやうだ／居る居る鳥がいつぱいにゐる／なんといふ数だ　鳴く鳴く鳴く／Rondo Capriccioso／ぎゆつくぎゆつくぎゆつくぎゆつく／（中略）／のぼせるくらゐだこの鳥の声

（「小岩井農場」）

詩の中で賢治は、鳥のコーラスへの感心を随所で素直に記している。特に鳥の声は、持続する自然音の王様といえる音の一つなのである。

その鳥語のなかでも、賢治は持続的な鳴き方の鳥に着目していると思う。

ひばり　ひばり／銀の微塵《みぢん》のちらばるそらへ／たつたいまのぼつたひばりなのだ／（中略）／よほど上手に鳴いてゐる／（中略）ずつと遠くでは／もつとたくさんないてゐる

（「小岩井農場」）

雨はぱちぱち鳴つてゐる／よしきりはなく　なく／（中略）／よしきりはひつきりなしにやり／ひでりはパチパチ降つてくる（「休息」）

ヒバリもヨシキリも長鳴きが得意で、コヨシキリは「高原のジャズシンガー」と言われるほど多彩で賑やかに鳴く。長鳴きしないものでも、賢治作品に登場する鳥は、ヨタカやメジロ（「よだかの星」）、カッコウ（「セロ弾きのゴーシュ」）など、繰り返す、または単調なフレーズを重ねる鳥が注意を引く。ウグイスなど一発勝負の鳥でさえ、「ずうつと遠くのくらいところでは／鶯《うぐいす》もごろごろ啼いてゐる」（「小岩井農場」）と、よい声の鳥というより一つの背景音のように写されている。

鳥を離れた持続音としては「黄の風車まはるまはる」（「天然誘接《てんねんよびつぎ》」）「明るい雨がこんなにたのしくそそぐのに」（「小岩井農場」）など、一定の時間の経過を伴う音が効果的に鏤められている。アクセントになる音はまさに一発勝負なので、あまり印象に残らないから持続音が目立つとも言える。が、持続性のある自然音がこれほど強く私の耳に響いてくるのだから、表現した賢治の全身にその音が染み込んでいたとも考えられるだろう。多少なりとも自然観察を経験した者として、フィールドウォッチャーならこの持続音を素通りしているはずはないと思うのである。

イギリス海岸にも持続性のある川の音があるが、賢治に衝撃を与えた別の音があった。

それにも一つこゝを海岸と考へていゝわけは、ごくわづかですけれども、川の水が丁度大きな湖の岸のやうに、寄せたり退《ひ》いたりしたのです。それは向ふ側から入って来る猿ヶ石川とこちらの水がぶっつかるためにできるのか、それとも少し上流がかなりけはしい瀬になってそれがこの泥岩層の岸にぶっつかって戻るためにできるのか、（中略）とにかく日によって水が潮のやうに差し退きするときがあるのです。

（「イギリス海岸」）

イギリス海岸に着いたのは夕方、寒風が吹いていた。北上川の西岸の、猿ヶ石川が合流する場所だ。泥岩は叩き合わせただけでもカンコンと小気味のよい音を立ててホロホロと割れてしまう脆い石だ。だからいまでは、岸は削られて賢治の時代の面影はほとんどなく、わずかに中州辺りに残る白い地層だけが当時の片鱗《へんりん》を窺《うかが》わせているらしい。手すりに阻まれて川面に近付けなかったが、水の音を聞くことはできた。

そして私も、聞いた。豊かな水量の流れの音にトッピングするかのように、小波《さざなみ》が立っている音を。護岸工事で川の姿がすっかり変わってしまっても、この波は健在だったということか。「日によって水が潮のやうに差し退きする」かどうかは分からないので、これが本当に賢治のいう「波」だと断言することはもとよりできない。さりながら、湖に注ぐわけでもなく、二つの川が合流しているだけの水面に波が立っていることはたしかであった。数秒に一度ぐらいの割合で小波が立って、チャプン、サポンと音をさせていた。これも一種の持続音といえるだろう。その音には切れ味があり、波音が引き立っていた。賢治が「海岸」と大胆な名前を付けたのにも頷けた。思いきったファンタジーを生み出しながら、立脚する自然その他の環境はほぼ現実そのままである賢治特有の物語設定を考えれば、ここは「海岸」のほか何物でもなかったことだろう。賢治はこうして一つ一つの自然を見詰め、その音に時間をかけて耳を澄ませ、最高級に美しい音を選んで聞かせてくれているのだ。

牛崎副館長は、イギリス海岸に遠足にいった思い出を話してくれた。川原全体が白くて樹木が鬱蒼とし、足元は泥岩でヌルヌルと滑った。どうしてこんなところに遠足にくるのかと思ったという。子供にとっては、バタグルミの化石が出ようと古の蹄《ひづめ》の痕跡が見つかろうと、あまり楽しい場所ではなかったようだ。

だがじっくり聞けば、波の音は一つ一つ変わり、寒くて時間が遅くなければいつまでも聞いていたかった。自然の持続音は、聞いても尽きない魅力をもっている。賢治もきっと、その魅力を味わい、充分時間をかけてそれに心を預け、作品を紡ぎ出していったのだろう。

最後に、賢治が自然音とともに聴いていた「文明音」にも触れておきたい。

賢治が暮らした明治、大正時代の花巻、盛岡は、自然が豊かな土地柄ではあったが、同時に東京まで特急列車で一本で行ける、文明世界に直結した場所でもあった。賢治はそんな環境下で、祭や農耕といった純和風の文明音に加え、英語やドイツ語、教会の鐘など、西洋文明の音にも日常的に触れていた。特に鉄道、それも汽車そのものより、線路を囲む施設の音への思いが感じられる。

とつぜん、右手のシグナルばしらが、がたんとからだをゆすぶつて、上の白い横木を斜めに下の方へぶらさげました。これはべつだん不思議でもなんでもありません。つまりシグナルがさがつたといふだけのことです。(中略)
ところがそのつぎが大へんです。
さつきから線路の左がはで、ぐわあん、ぐわあんとうなつてゐたでんしんばしらの列が大威張りで一ぺんに北のはうへ歩きだしました。(中略)
うなりもだんだん高くなつて、いまはいかにも昔ふうの立派な軍歌に変つてしまひました。

(「月夜のでんしんばしら」)

私にとって電信柱は、音を立ててくれないためにぶつかってしまうやっかいな相手の代表格だ。賢治の詩に登場する電柱たちも、「かれくさとでんしんばしら」とか「むっと立ってゐる電信ばしらあり。」（いずれも「冬のスケッチ」より）など、広大な世界に立ち尽くす姿がしばしば描かれている。賢治が冷静な心でいるときには、電柱はちゃんと静かにしていたこともあるようである。

同じ「冬のスケッチ」には、「瀬川橋と朝日橋との間のどてで、／（中略）／ちぎれるばかりに叫んでゐた、／電信ばしら。」という記述がある。「シグナルとシグナレス」にも「そこで軽便鉄道附きの電信柱どもは、やっと安心したやうに、ぶんぶんとうなり」と書かれており、賢治の電信柱は「うなる」ものでもあったようだ。うなりの記述は、電線にも多用されている。「冬のスケッチ」には「電線のうなりを聞きすます」という言葉があるほか、「電信のオルゴール」を聞くなどの描写も見られる。ただし実際に聞いていたのは、電柱の上の変電装置の音や、風を受けてなる電線の歌、あるいは電柱に当たる北国の烈風の音だったかもしれない。

賢治は、山中や野中を貫く鉄道線路と、それを護るように林立する電柱を見詰めながら、鉄道の行き着く文明の中心地、東京に思いを馳せたことだろう。そんな賢治にとって、電柱や電線という文明の象徴が「音を立てる」ことは、すなわちそれらが情報を運んできてくれることだったのではないか。電柱のうなりは花巻の自分と文明の最先端をつなぐ「夢の音」だったのだろう。

「月夜のでんしんばしら」などの童話や、フランス人のプジェ神父を思う詩を読むと、花巻の畑から必死で西洋文化に近付こうとし、最先端技術で自然を制御しようとする小岩井農場の試みを見詰める賢治の輝きに満ちた瞳が思い浮かぶ。その痛々しい憧れを賢治は、汽車の音、電信柱のうなり、教会の鐘などの「文明音」という旋律として、自然の音の通奏低音の上に乗せた。

五月のしまひの日曜でした。わたくしは賑やかな市の教会の鐘の音で眼をさましました。（中略）時計を見るとちゃうど六時でした。

（「ポラーノの広場」）

鐘は「日曜」の朝「六時」に「賑やか」に鳴る。私の考えでは、これは現在盛岡中央郵便局の隣に建てかえられたカトリック四ツ家教会（賢治のころは四ツ家天主公教会と呼ばれた）の鐘である。

調べてみると、盛岡市にはほかにも、ハリストス正教会（ロシア正教会）や聖公会（英国教会）など、鐘を打つ可能性のある教会が当時からいくつかあった（プロテスタントでは鐘は打たない）。だが、賢治が盛岡高等農林学校時代に過ごした寮の近くに四ツ家教会があり、そこで毎日鐘が打たれ、賢治も通ってプジェ神父らと親しく話したことを思えば、この鐘をほかの教会の鐘と思う強い理由が見当たらない。賢治は鐘が好きだったようで、プジェ神父に捧げた短歌のなかに「さはやかに　朝のいのりの鐘鳴れと　ねがひて過ぎぬ　君が教会」と詠んだものがあるし、中尊寺の鐘に言及する作品もある。モリーオ市の理想郷に響く鐘ならば、賢治の大好きな鐘であろう。とすれば、やはり賢治が実際に親しんだ四ツ家教会の鐘と考えるのが最も自然であろう。

いまは近所迷惑になるので早朝の鐘は打たないが、朝の六時は「お告げの祈り」を唱える時間だ。昔は午前六時と正午、午後六時に「アンジェラスの鐘」（お告げの鐘）が打たれたという。信徒たちはそれを聞いて短い祈りを唱えた。四ツ家教会に問い合わせてみたところ、現在は止めているが、昔は午前六時にもお告げの鐘を打っていたと確認できた。さらに、この位置からではほかの教会の鐘を聞いたことがないそうだ。「五月のしまひの日曜」の「賑やかな」鐘にも意味がある。カトリックでは五月は「聖母月」で、この月に「聖母行列」を行う教会や学校が多い。現在四ツ家教会では行列をしないそうだが、賢治のころに行列があったとすれば、その日の鐘はいつもより「賑やか」だっただろう。こう考えてくると、賢治の分身であるキュースト氏は、実際に賢治が聞いた四ツ家教会の鐘で目覚めたと思える。それが聖母行列の日を知らせる特別な鐘であった可能性もあると思うと、胸が踊った。かくして「ポラーノの広場」の短文からは、賢治の深い思いと、西洋の音を驚くほど正確に捉えていた耳の鋭さを感じられるのである。

文明音としてもう一つ、賢治の音楽を忘れてはならない。賢治はほぼ独学で西洋音楽を学んだが、賛美歌とフランス民謡、付点音符を基調とする日本民謡の影響があるように思う。有名な「星めぐりの歌」は、日本人に親しい「タンタ　タンタ」のリズムを基調にしながら、旋律そのものはどことなくフランス民謡の〝Au Clair de la Lune〟の出だしに似ている。調も原曲でよく使われるト長調。これは山田耕筰《こうさく》らも多用した音域で、賢治も山田など専門的に学んだ音楽家と同じく、西洋音階と日本人になじみ易《やす》い音域を把握し、フランス民謡風の旋律を身に付けていたとも考えられる。

さらに驚くのは、賢治にも「トレードマーク」のリズムがあることだ。たとえばベートーベンなら「タタタターン」(「運命」の冒頭)のリズムを「田園」など他の曲でもモチーフを変えながらしばしば用いている。ショパンなら「ターンターターターン」(「葬送」第三楽章の冒頭)が随所に使われているし、モーツァルトなら「タララララッタ」のトリルが散見される。

賢治の場合は「トットトト　トットトト」だと思う。このリズムは、「月夜のでんしんばしら」では「ドッテテドッテテ」、「どんぐりと山猫」では「どってこどってこ」として現れる。トレードマークのリズムをもっていることは、その人の音楽世界が完成していることである。限られた知識と狭い行動範囲のなかで、これほど音に集中し、正確に取り込むことができた賢治は、天才的な音感の持ち主だったのだろう。

東北の地方都市で、才能がありながら留学もできず、わずかに接した西洋人との会話から理想郷への思いを膨らませた賢治。病弱と時代環境から移動に制限があり、そのなかで想像が爆発していく。沈黙の自然のなかで耳が研ぎ澄まされ、現実の音も心の音も細やかに聞き分けていく。その状況は、障害ゆえに移動が自由でなく、留学の希望がまだ叶《かな》っていなかった中学生時代の私とよく似ている。行けないから想像する。見えないから考える。動けないからこそ、心は激しく燃え、そこに広がる世界は無限である。私の場合、時代の恵みによって留学や海外旅行の機会を得て、この爆発する想像の時代を卒業できた。ロマンチスムや激しい憧れというものは、たいていはこうして卒業したり、性格によっては経験さえせずに終わるものだろう。しかし賢治は、卒業どころか経験を経るにつれてその世界を広げ、一つの宇宙を創造した。

それを最も豊かに味わう方法の一つが、作品から音を聞くことだと思っている。いまでも賢治作品を読むたびに、聞こえる音はどんどん増え、豊かになり続けているのである。

引用参考文献

夏目漱石『坊っちゃん』岩波文庫、一九八九年
吉本ばなな『TUGUMI』中央公論社、一九八九年
『バートン版 千夜一夜物語』第4巻、大場正史訳、ちくま文庫、二〇〇四年
アレッサンドロ・バリッコ『海の上のピアニスト』草皆伸子訳、白水社、一九九九年
正岡子規『俳人蕪村』講談社文芸文庫、一九九九年
中村草田男『蕪村集』講談社文芸文庫、二〇〇〇年
小川洋子『博士の愛した数式』新潮文庫、二〇〇五年
アントワーヌ・ド・サン＝テグジュペリ『新訳 星の王子さま』倉橋由美子訳、宝島社、二〇〇五年
アントワーヌ・ド・サンテグジュペリ『星の王子さま』池澤夏樹訳、集英社文庫、二〇〇五年
サンテグジュペリ『星の王子さま』小島俊明訳、中公文庫、二〇〇六年
池澤夏樹『南の島のティオ』文春文庫、一九九六年
『モンテーニュ旅日記』関根秀雄・斎藤広信訳、白水社、一九九二年
オスカー・ワイルド「カンタヴィルの幽霊」福田恆存・福田逸訳、『アーサー卿の犯罪』中公文庫、一九七七年
モーパッサン「オルラ」榊原晃三訳、『モーパッサン怪奇傑作集』福武文庫、一九八九年

小泉八雲「耳無芳一の話」戸川明三訳、『小泉八雲全集』第八巻家庭版、第一書房、一九三七年（青空文庫から引用）
J・K・ローリング『ハリー・ポッターと死の秘宝』下、松岡佑子訳、静山社、二〇〇八年
U・K・ル＝グウィン『ゲド戦記外伝』清水真砂子訳、岩波書店、二〇〇四年
宮部みゆき『龍は眠る』出版芸術社、一九九一年
宮部みゆき『楽園』上、文春文庫、二〇一〇年
森鷗外「舞姫」『筑摩現代文学大系4　森鷗外集』筑摩書房、一九七六年
森鷗外「文づかひ」前掲書
アナトール・フランス『舞姫タイス』水野成夫訳、白水Uブックス、二〇〇三年
小泉八雲「神々の国の首都」森亮訳、『小泉八雲作品集1』河出書房新社、一九七七年
小泉八雲「美保関」奥田裕子訳、前掲書
小泉八雲「八重垣神社」平川祐弘訳、前掲書
小泉八雲「杵築」平井呈一訳、『日本瞥見記』上、恒文社、一九七五年
小泉八雲「杵築雑記」平井呈一訳、前掲書
スウェン・ヘディン「中央アジア探検記」岩村忍訳、『ノンフィクション全集1』筑摩書房、一九七二年
スウェン・ヘディン『さまよえる湖』岩村忍訳、角川文庫、一九六八年
スウェン・ヘディン「シルク・ロード」長尾宏也訳、『世界教養全集23　シルク・ロード　ベーリングの大探検　暗黒大陸』平凡社、一九七四年

谷川俊太郎『ことばあそびうた』福音館書店、一九七三年
谷川俊太郎『わらべうた』集英社、一九八一年
谷川俊太郎「三つのイメージ」『魂のいちばんおいしいところ』サンリオ、一九九〇年
谷川俊太郎「二十億光年の孤独」『自選 谷川俊太郎詩集』岩波文庫、二〇一三年
谷川俊太郎『みみをすます』福音館書店、一九八二年
谷川俊太郎『夜のミッキー・マウス』新潮社、二〇〇三年
宮沢賢治「グランド電柱」「小岩井農場」「休息」「天然誘接」『宮沢賢治全集1』ちくま文庫、一九八六年
宮沢賢治「山男の四月」「月夜のでんしんばしら」「シグナルとシグナレス」『宮沢賢治全集8』同前
宮沢賢治「イギリス海岸」『宮沢賢治全集6』同前
宮沢賢治「冬のスケッチ」『宮沢賢治全集3』同前
宮沢賢治「ポラーノの広場」『宮沢賢治全集7』ちくま文庫、一九八五年

解　説

桂　文珍

落語家の私にとって、声だけで森羅万象を描くのは大変な試練で、思うように表現するのに、日々冷汗もので高座に向かっている。こちらが投げる言葉のボールを受け取ってもらえなかったり、ボールが届いていなかったりで、苦心惨憺《さんたん》の日々のくり返しだ。あれは、いつ頃だったのだろう、著者の麻由子さんにお会いしたのは……。シーンレス（著者の言葉を借りて）の人達が落語家の技量に一番、厳しいジャッジを下される。とにかく、音の聞き分けが、その能力が、素晴しくいいのだ。

落語は、聞いていて、その絵、シーンが浮び上がって、人物が動き始め、語っている落語家自身が消えてしまうのがよい、と私は思っている。簡単に思えて、これが難しい。音を捉える能力にすぐれている著者と対談をした折、雨が降り出して、その雨粒が傘に当たる音を聞いた時、傘の内側に手のひらをかざしてみて、手で雨を感じるのだ、と話しておられたのを、今も、雨の日の度《たび》に想《おも》い出している。著者は四歳の頃からシーンレスになってしまい、視力を失われたために、想像する能力がぐんぐん伸びたのではなかろうか。最近の傾向として、何もかも可視化する方向に進みがちで、それも便利なのだが、人間本来の持つ能力が削《そ》がれているような気がしてならない。永年落語会を演《や》っていると、初めて落語を聞いたという人が一様に、自分自身の中に元来あったイメージする力、その力で言葉で描かれている物語の世界に入れ、想像、イメージする能力が自分の中に眠っていたことに気付いたと、嬉《うれ》しそうに話されるのをよく耳にする。子供の頃、親におとぎ話や、昔話をしてもらい、本を読んでもらった記憶が甦《よみがえ》るのだろうか。本を読む、小説を楽しむのも同じことのように思える。文字を追うだけでなく、行間を読み、その表現の裏、いや、奥に秘められているテーマや、メッセージを、読者が楽しみ人生に潤いを感じるほど、幸せなことはないと私は思っている。

「世界でただ一つの読書」は、古今東西の名著の中の名著についての、著者麻由子さんならではの読み取りの世界を、我々に与えて下さっている。シーンレスの方《かた》が、我々の気付かなかったシーンを見せてくれるのだから面白い。また、著者は相当の博覧強記の人で、猶且《なおか》つ、ユーモアにあふれている。電柱は音も立てずにボーと立っていて、シーンレスの敵なのだそうな。夏目漱石は落語好きであったことは有名だが、著者は、「坊っちゃん」の行間に耳を澄ましているのだ。吉本ばななの「ＴＵＧＵＭＩ」の不易流行と時間。シャーラザッドが語る「アラビアンナイト」の満月を美しいとする砂漠の国。細やかすぎる記述がないから、イメージが、広がる、だからこそ、私たちは好きなだけ細やかに、味を伴って、本という器から文字のご馳走《ちそう》を鱈腹《たらふく》食べることができる、と著者は書いている。

実は落語も同じで、言葉を刈り込む、また、削ぎ落すことで、無限の拡《ひろ》がりを手にすることができるのだ。著者は、本は時代や国を超えて、読者を心の旅路へいざなってくれる、という。ここが共通していて読んで嬉しくなった。解説でこれ以上書くのは、問題有りとなるので、自分自身の文も刈り込む必要があると思う。読者の皆様が、この本を読まれ、楽しんでいただくのが一番だと思う。

私も永年TVを観《み》てきたが、最近ラジオを聞く方が楽になってきた。TVは、映し出されてはいけない人の顔や場所にボカシが入っていたりすると、音だけを聞いているのと同じことで、余り映像に意味が無く感じるようになった。また、絵でごまかされて、本質が、見えなくなっていることが多い。著者の麻由子さんの手法を借りて、行間を読まずに行間を聞き取ることを始めてみよう。

実は、平昌で開かれた冬季オリンピックで、日本の女子カーリングチームがメダルを得た試合を、ラジオ中継で楽しんでみたのだ。これは面白かった。選手たちのモグモグ中の会話、ストーンが氷の上を滑り、氷をキュッ！キュッ！とこする音、観客の声、中継アナウンサーの声、例えば「二時の方向にあるイギリスのストーンをはじいて……」と、懸命に伝えようとする、その努力。それぞれが生き生きと、目の前に現われた。そして、スキーのジャンプ競技のラジオ中継では、スキー板が「ザァー」と滑る音で距離を推し測るチョイスを、自分でやってみた。これがなかなか面白かった。高座でギャグがスベらないように自らの耳を鍛えなければ……と。

著者は四歳の頃からシーンレスになったが、音を広く深く聞く力を得て、その瑞々《みずみず》しい感性でもって、私が気付かなかった多様なシーンをこの本で見せてくれた。「世界でただ一つの読書」は、「世界中の読書」になって欲しい、と思う。

（かつら・ぶんちん　落語家）

本書は、「文学界」二〇〇八年一月～〇九年八月に連載された
『文字の向こうに』を加筆・修正し改題したオリジナル文庫です。

三宮麻由子の本

鳥が教えてくれた空

光を失った少女が鳥に出会い、そのさえずりによって〝空〟の存在を体感し、その感性の世界は飛躍的に広がっていく——。前向きに生きる日々を素直に綴るヒーリング・エッセイ。

集英社文庫

三宮麻由子の本

そっと耳を澄ませば

視力を失った著者が、耳を澄ませて広げた感性の鋭さ。雨の音、風の息吹、人の温かさなど、何気ない日常に見えてくる豊かで瑞々しい世界。第49回日本エッセイスト・クラブ賞受賞作。

集英社文庫

三宮麻由子の本

ロング・ドリーム　願いは叶う

4歳で視力を失った著者は、不自由ながら好奇心いっぱいに生きる日々。紅葉の完熟の香り、相撲の迫力、白神山の水音など、見えないことで気づく世界を描くヒーリング・エッセイ。

集英社文庫

集英社文庫　目録（日本文学）

佐藤賢一　傭兵ピエール(上)(下)
佐藤賢一　赤目のジャック
佐藤賢一　王妃の離婚
佐藤賢一　カルチェ・ラタン
佐藤賢一　オクシタニア(上)(下)
佐藤賢一　革命のライオン　小説フランス革命1
佐藤賢一　パリの蜂起　小説フランス革命2
佐藤賢一　バスティーユの陥落　小説フランス革命3
佐藤賢一　聖者の戦い　小説フランス革命4
佐藤賢一　議会の迷走　小説フランス革命5
佐藤賢一　シスマの危機　小説フランス革命6
佐藤賢一　王の逃亡　小説フランス革命7
佐藤賢一　フイヤン派の野望　小説フランス革命8
佐藤賢一　戦争の足音　小説フランス革命9
佐藤賢一　ジロンド派の興亡　小説フランス革命10
佐藤賢一　八月の蜂起　小説フランス革命11
佐藤賢一　共和政の樹立　小説フランス革命12
佐藤賢一　サン・キュロットの暴走　小説フランス革命13
佐藤賢一　ジャコバン派の独裁　小説フランス革命14
佐藤賢一　粛清の嵐　小説フランス革命15
佐藤賢一　徳の政治　小説フランス革命16
佐藤賢一　ダントン派の処刑　小説フランス革命17
佐藤賢一　革命の終焉　小説フランス革命18
佐藤正午　永遠の½
佐藤多佳子　夏から夏へ
佐藤初女　おむすびの祈り　「森のイスキア」こころの歳時記
佐藤初女　いのちの森の台所
佐藤真海　ラッキーガール
佐藤真由美　恋する短歌　22 short love stories
佐藤真由美　恋する歌音《カノン》　こころに効く恋愛短歌50
佐藤真由美　恋する四字熟語
佐藤真由美　恋する世界文学
佐藤真由美　恋する言《コト》ノ葉《ハ》　元気な明日に、恋愛短歌。
佐野眞一　沖縄　だれにも書かれたくなかった戦後史(上)(下)
佐野眞一　沖縄戦いまだ終わらず
佐野藤右衛門・小田豊二　櫻よ　「花見の作法」から「木のこころ」まで
沢木耕太郎　天涯1　鳥は舞い　光は流れ
沢木耕太郎　天涯2　水は囁き　月は眠る
沢木耕太郎　天涯3　花は揺れ　闇は輝き
沢木耕太郎　天涯4　砂は誘い　塔は叫ぶ
沢木耕太郎　天涯5　風は踊り　星は燃え
沢木耕太郎　天涯6　雲は急ぎ　船は漂う
沢木耕太郎　オリンピア　ナチスの森で
澤田瞳子　泣くな道真　大宰府の詩
サンダース・宮松敬子　カナダ生き生き老い暮らし
三宮麻由子　鳥が教えてくれた空
三宮麻由子　そっと耳を澄ませば
三宮麻由子　ロング・ドリーム　願いは叶う

集英社文庫　目録（日本文学）

三宮麻由子　世界でただ一つの読書
椎名篤子・編　凍りついた瞳《め》が見つめるもの
椎名篤子　親になるほど難しいことはない
椎名篤子　新 凍りついた瞳《め》 「子ども虐待」のない未来への挑戦
椎名　誠　地球どこでも不思議旅
椎名誠・選　素敵な活字中毒者
椎名　誠　インドでわしも考えた
椎名　誠　全日本食えばわかる図鑑
椎名　誠　岳　物　語
椎名　誠　続　岳　物　語
椎名　誠　菜の花物語
椎名　誠　シベリア追跡
椎名　誠　ハーケンと夏みかん
椎名　誠　零下59度の旅
椎名　誠　さよなら、海の女たち
椎名　誠　白　い　手

椎名　誠　パタゴニア
椎名　誠　草　の　海
椎名　誠　喰《くう》寝《ねる》呑《のむ》泄《だす》
椎名　誠　アド・バード
椎名　誠　はるさきのへび
椎名誠・編著　蚊　學　ノ　書
椎名　誠　麦　の　道
椎名　誠　麦酒《ビール》主義の構造とその応用胃学
椎名　誠　あるく魚とわらう風
椎名　誠　風の道　雲の旅
椎名　誠　かえっていく場所
椎名　誠　メコン・黄金水道をゆく
椎名　誠　砂の海　風の国へ
椎名　誠　砲艦銀鼠号
椎名　誠　草　の　記　憶
椎名　誠　ナマコのからえばり

椎名　誠　大きな約束
椎名　誠　続　大きな約束
椎名　誠　本日7時居酒屋集合！ ナマコのからえばり
椎名　誠　コガネムシはどれほど金持ちか ナマコのからえばり
椎名　誠　人はなぜ恋に破れて北へいくのか ナマコのからえばり
椎名　誠　下駄でカラコロ朝がえり ナマコのからえばり
椎名　誠　笑う風　ねむい雲
椎名　誠　うれしくて今夜は眠れない ナマコのからえばり
椎名　誠　三匹のかいじゅう
椎名　誠　流木焚火の黄金時間 ナマコのからえばり
椎名　誠　どーしてこんなにうまいんだあ！
椎名　誠　ソーメンと世界遺産 ナマコのからえばり
椎名　誠　カツ丼わしづかみ食いの法則 ナマコのからえばり
椎名　誠　単細胞にも意地がある ナマコのからえばり
塩野七生　ローマから日本が見える
塩野七生／アントニオ・シモーネ　ローマで語る

集英社文庫　目録（日本文学）

志賀直哉　清兵衛と瓢簞・小僧の神様
篠田節子　絹の変容
篠田節子　神鳥 イビス
篠田節子　愛《めで》逢《あ》い月《づき》
篠田節子　女たちのジハード
篠田節子　インコは戻ってきたか
篠田節子　百年の恋
篠田節子　聖域
篠田節子　コミュニティ
篠田節子　アクアリウム
篠田節子　家《や》鳴《な》り
篠田節子　廃院のミカエル
司馬遼太郎　歴史と小説
司馬遼太郎　手掘り日本史
柴田錬三郎　柴錬水滸伝 われら梁山泊の好漢(一・二・三)
柴田錬三郎　英雄三国志一 義軍立つ

柴田錬三郎　英雄三国志二 覇者の命運
柴田錬三郎　英雄三国志三 三国鼎立
柴田錬三郎　英雄三国志四 出師の表
柴田錬三郎　英雄三国志五 攻防五丈原
柴田錬三郎　英雄三国志六 夢の終焉
柴田錬三郎　われら九人の戦鬼(上)(下)
柴田錬三郎　新篇 眠狂四郎京洛勝負帖
柴田錬三郎　新編 剣豪小説集 梅一枝
柴田錬三郎　徳川三国志
柴田錬三郎　新編 武将小説集 男たちの戦国
柴田錬三郎　花は桜木 柴錬の「大江戸」時代小説短編集
柴田錬三郎　チャンスは三度ある
柴田錬三郎　眠狂四郎異端状
柴田錬三郎　貧乏同心御用帳
柴田錬三郎　御家人斬九郎
柴田錬三郎　真田十勇士(一) 運命の星が生れた

柴田錬三郎　真田十勇士(二) 烈風は凶雲を呼んだ
柴田錬三郎　真田十勇士(三) ああ！ 輝け真田六連銭
柴田錬三郎　眠狂四郎孤剣五十三次(上)(下)
柴田錬三郎　眠狂四郎独歩行(上)(下)
地曳いく子　50歳、おしゃれ元年。
島尾敏雄　島の果て
島崎今日子　安井かずみがいた時代
島崎藤村　初恋 ―島崎藤村詩集
島田裕巳　0《ゼロ》葬 ―あっさり死ぬ
島田雅彦　自由死刑
島田雅彦　カオスの娘
島田雅彦　英雄はそこにいる 呪術《シャーマン》探偵ナルコ
島田洋七　がばいばあちゃん 佐賀から広島へ めざせ甲子園
島村洋子　恋愛のすべて。
島本理生　よだかの片想い
志水辰夫　あした蜉蝣《かげろう》の旅(上)(下)

集英社文庫

世界《せかい》でただ一《ひと》つの読書《どくしょ》

2018年6月30日　第1刷　　　　定価はカバーに表示してあります。

著　者　三宮麻由子《さんのみやまゆこ》

発行者　村田登志江

発行所　株式会社 集英社
東京都千代田区一ツ橋2-5-10　〒101-8050
電話　【編集部】03-3230-6095
【読者係】03-3230-6080
【販売部】03-3230-6393(書店専用)

印　刷　大日本印刷株式会社

製　本　ナショナル製本協同組合

フォーマットデザイン　アリヤマデザインストア　　　マークデザイン　居山浩二

ISBN978-4-08-745759-9 C0195